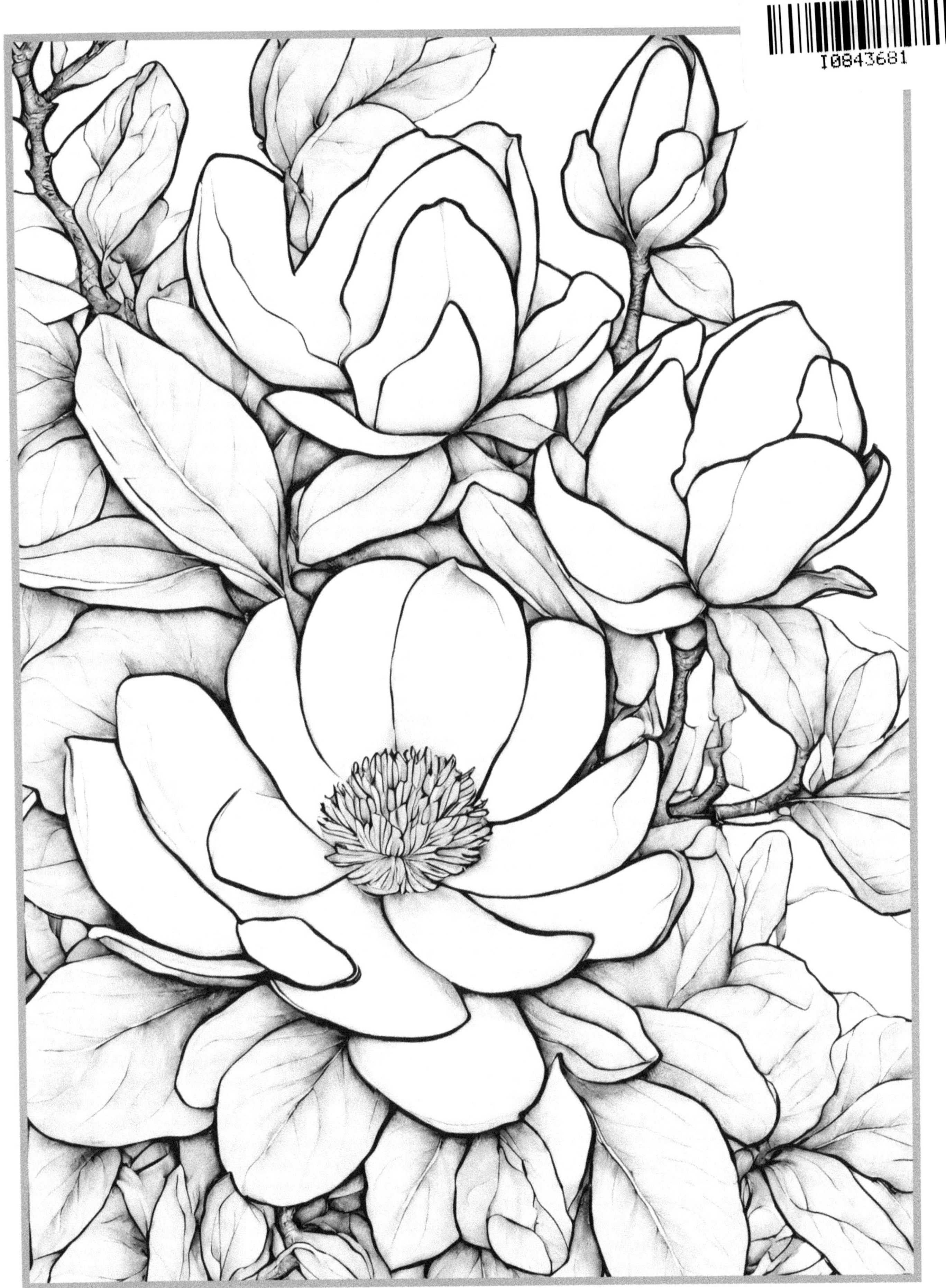

Magnolia

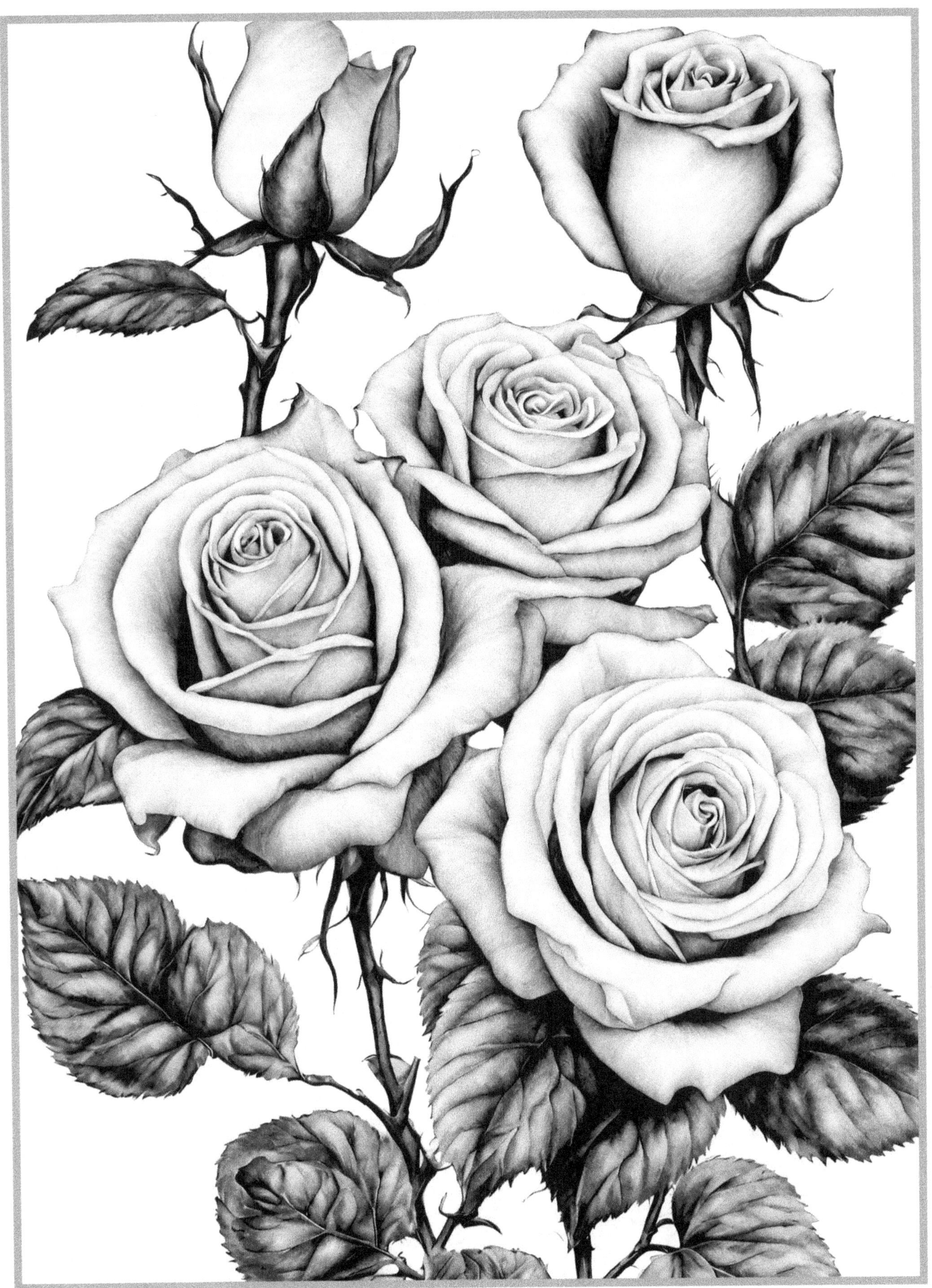

Rosa

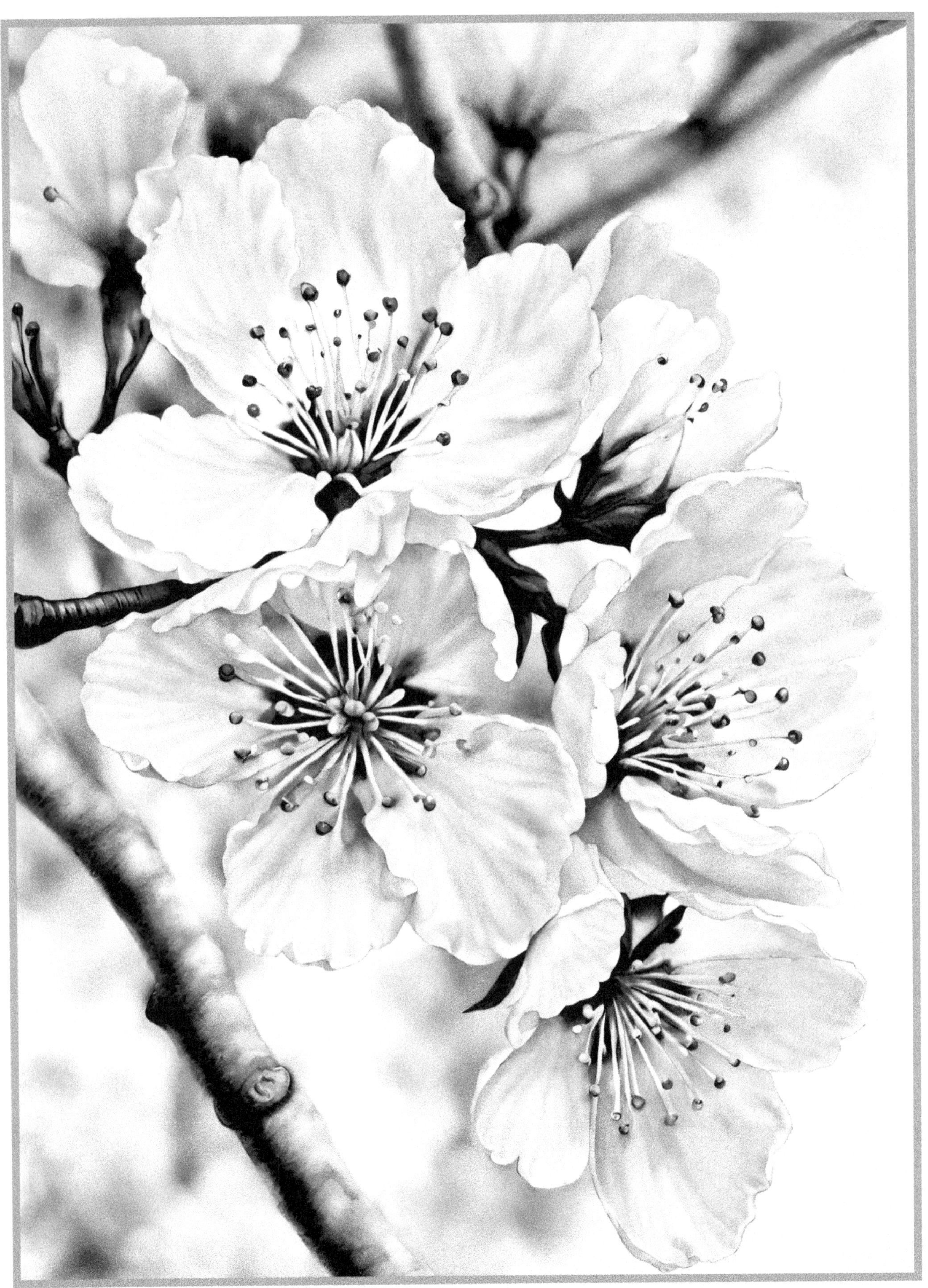

Ciliegio

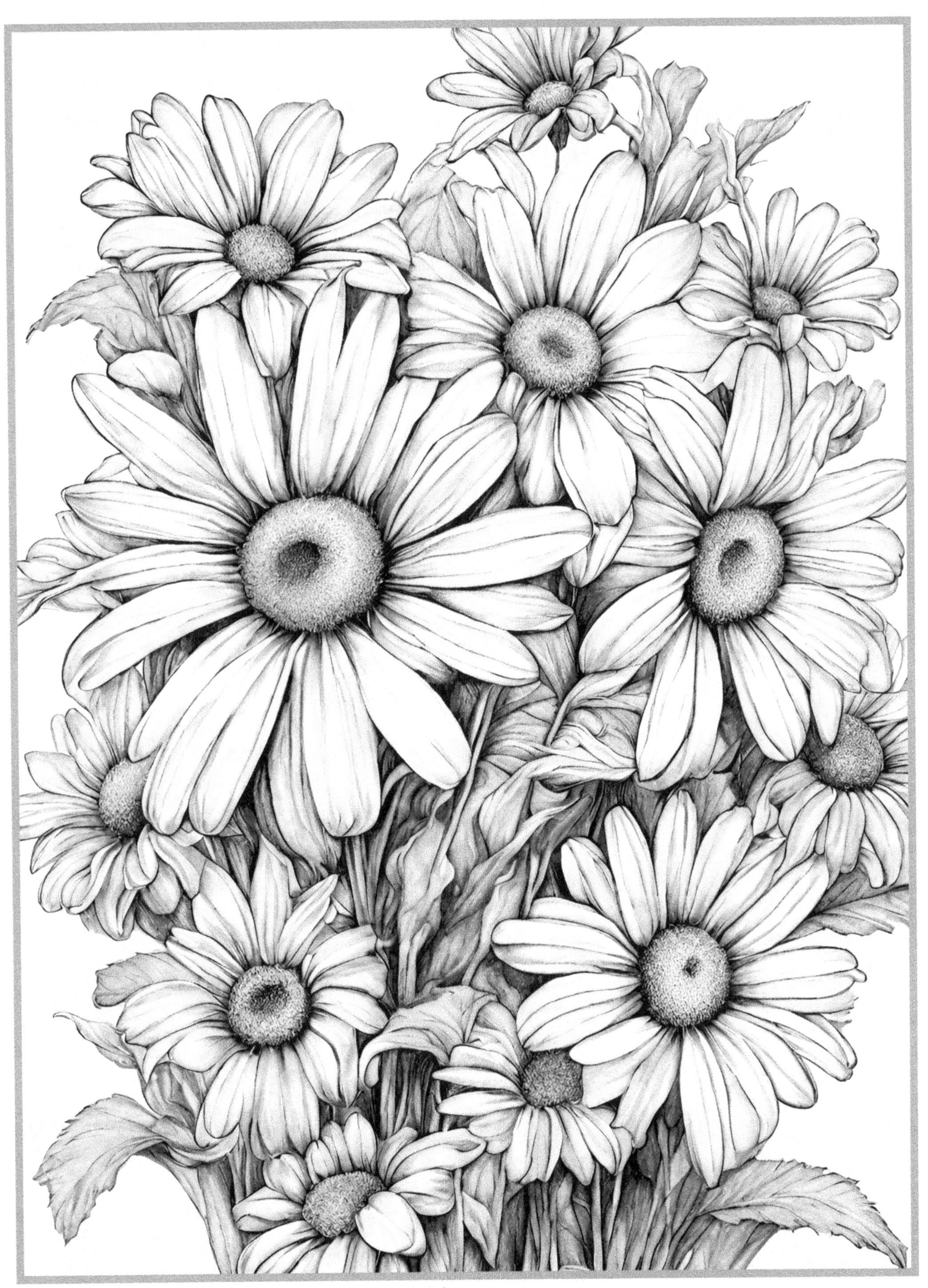

Margherita

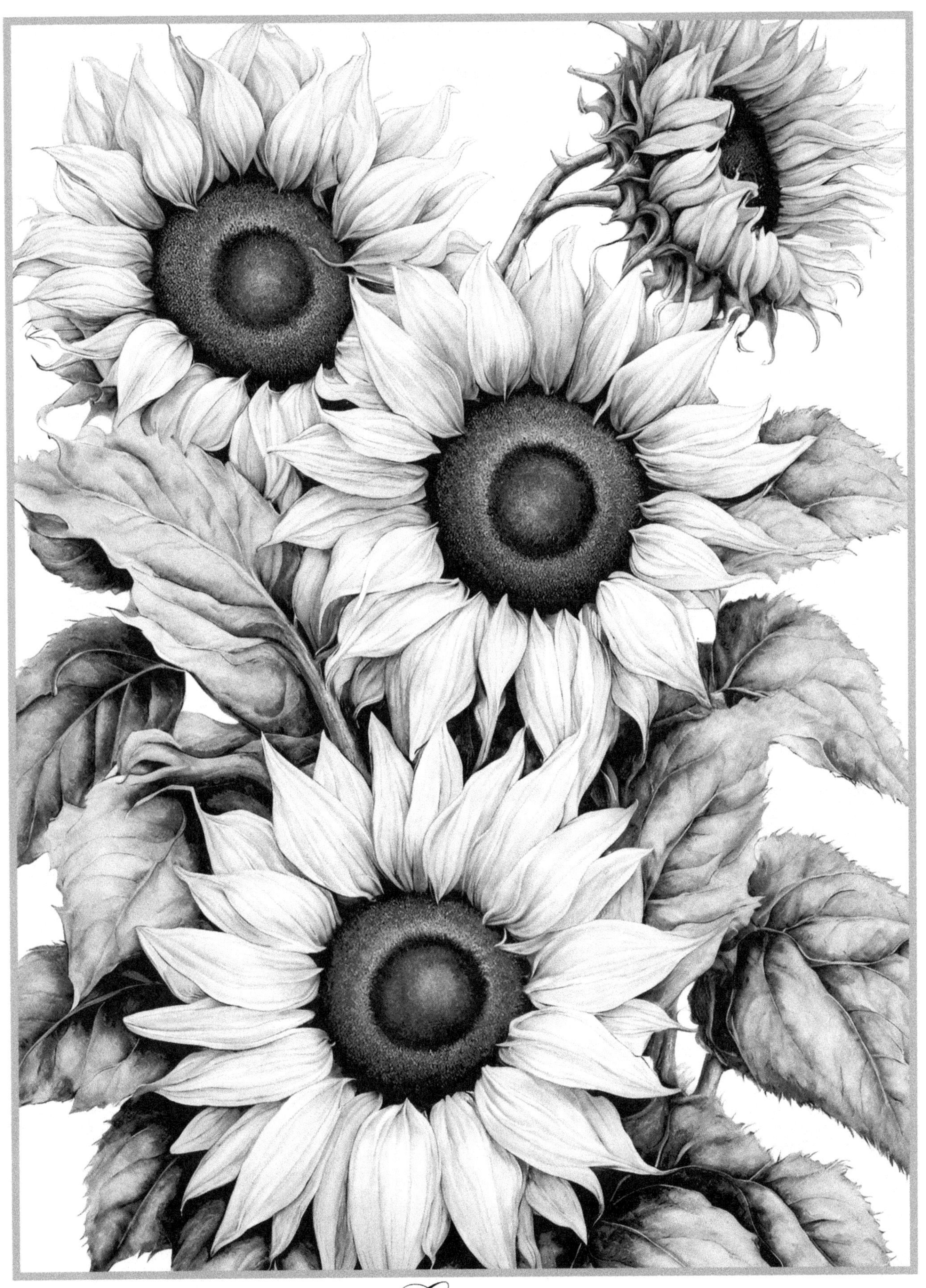

Girasole

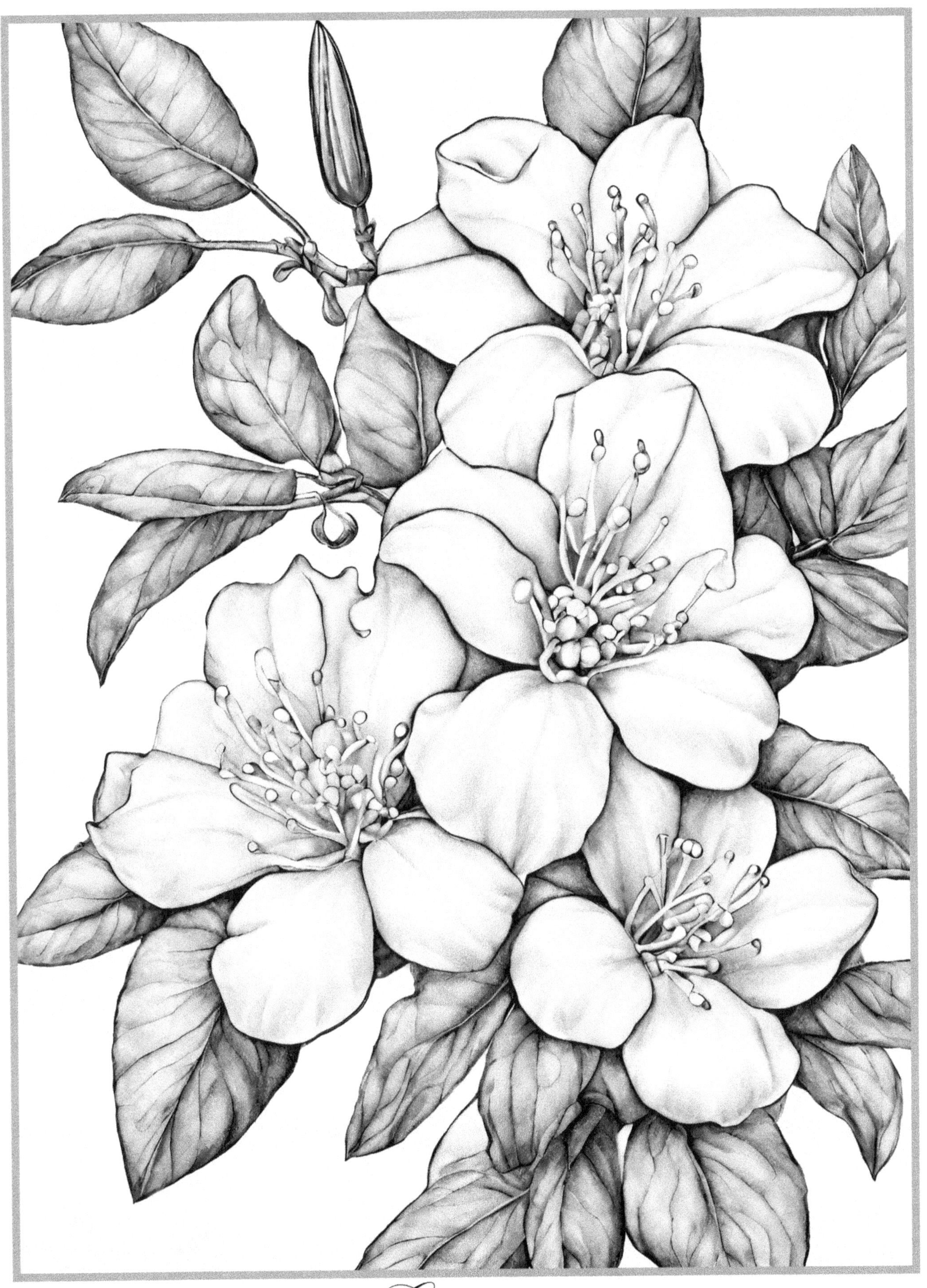

Gelsomino

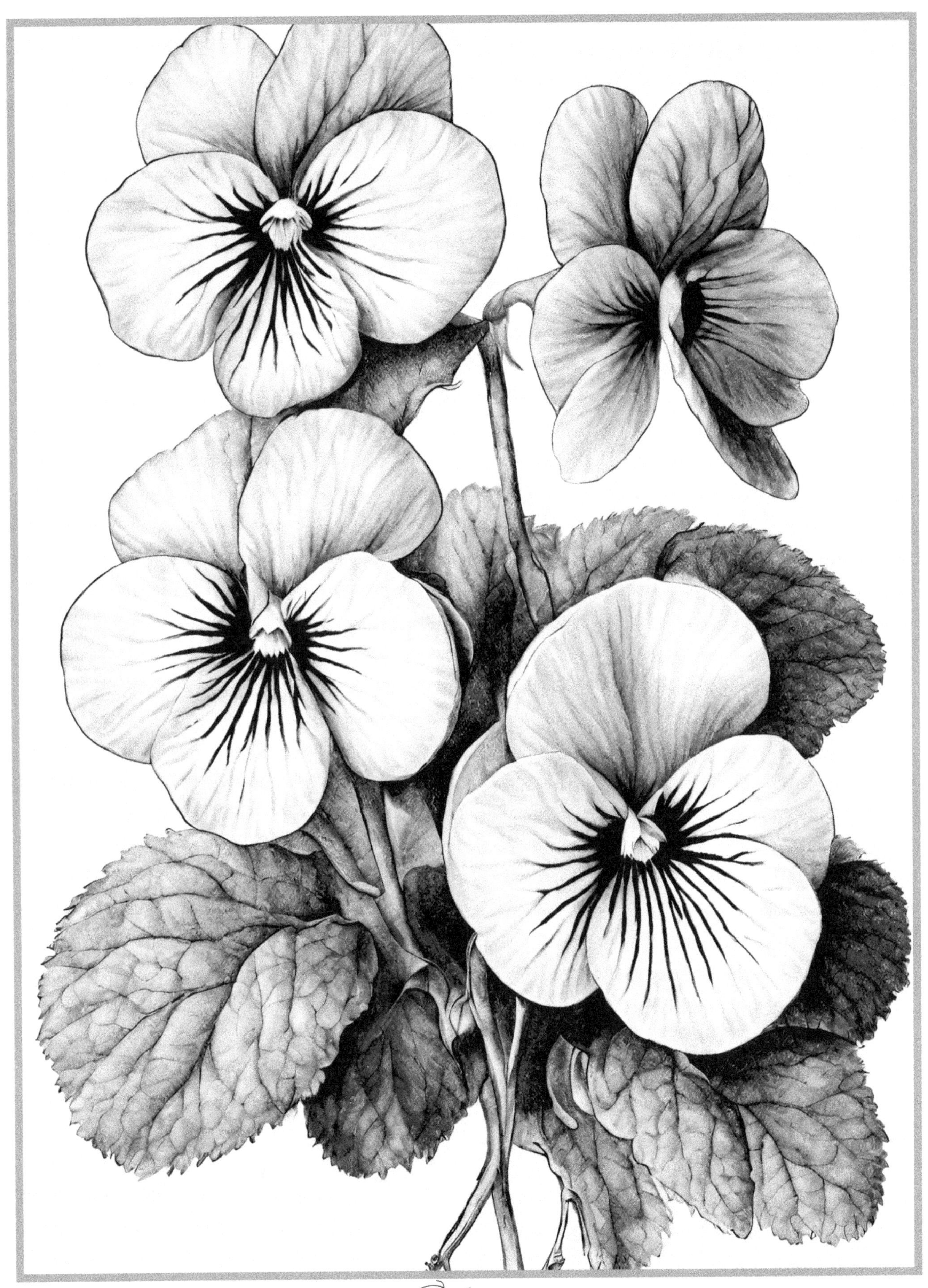

Violetta

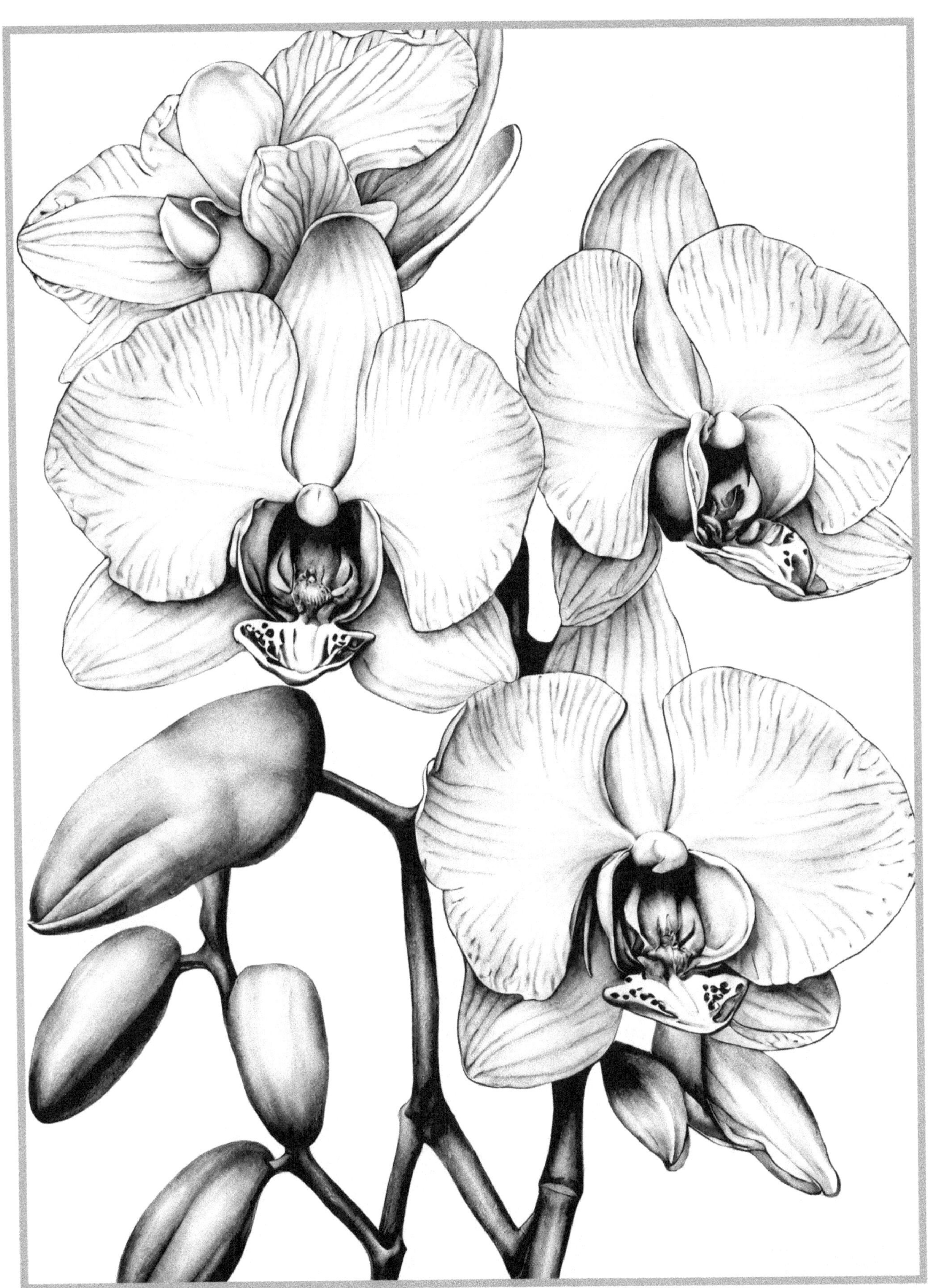

Orchidea

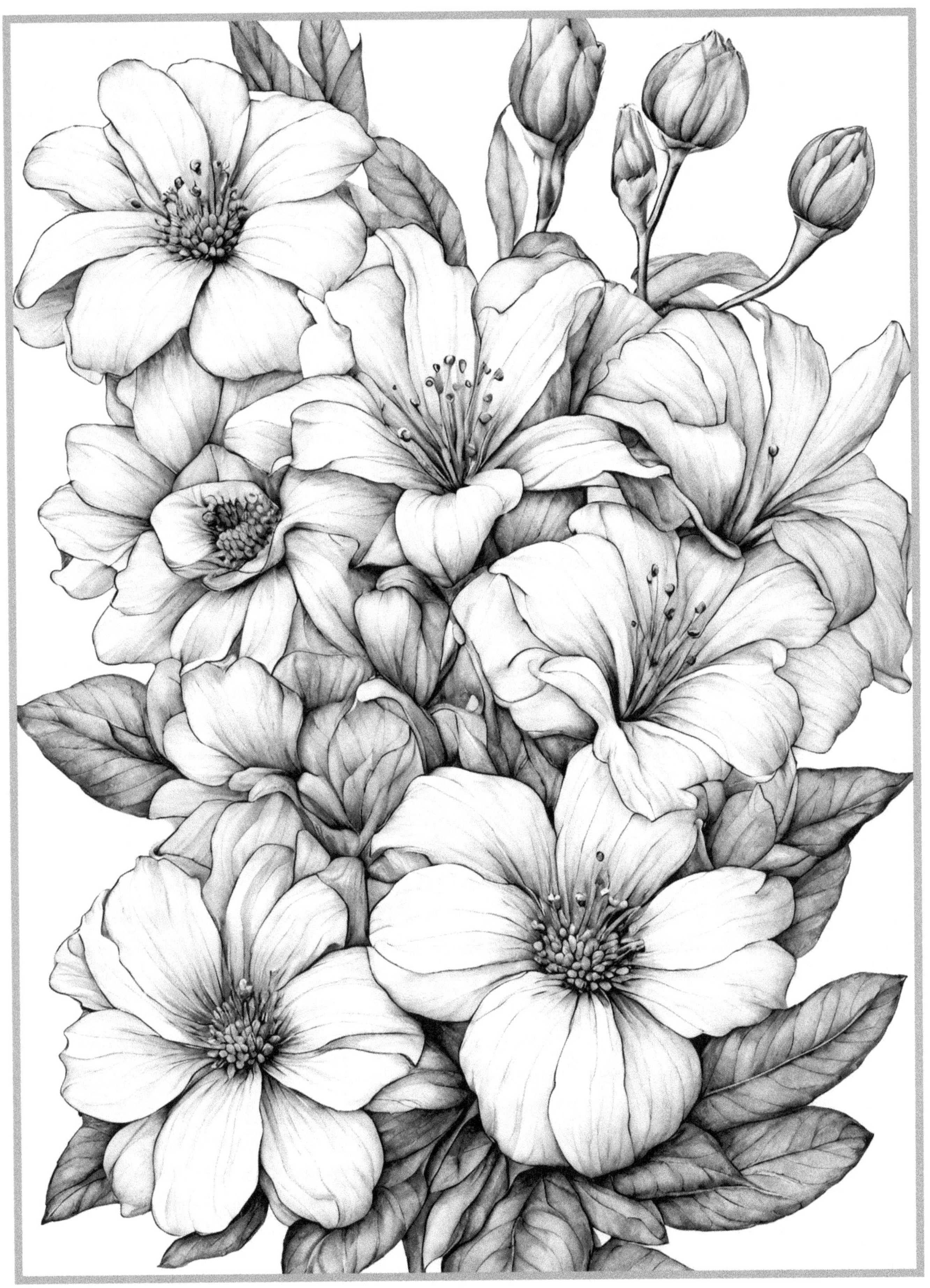

Arancio

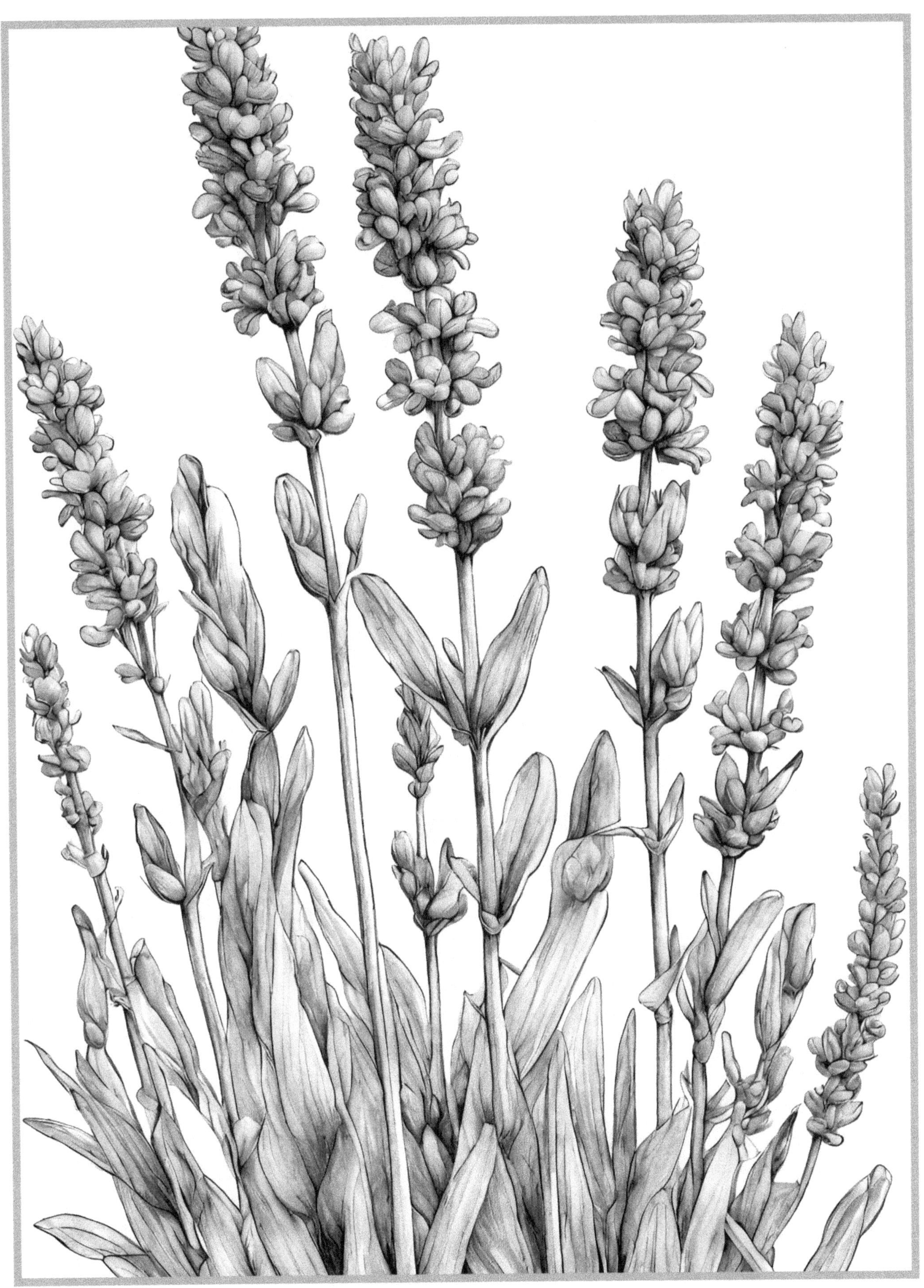

Lavanda

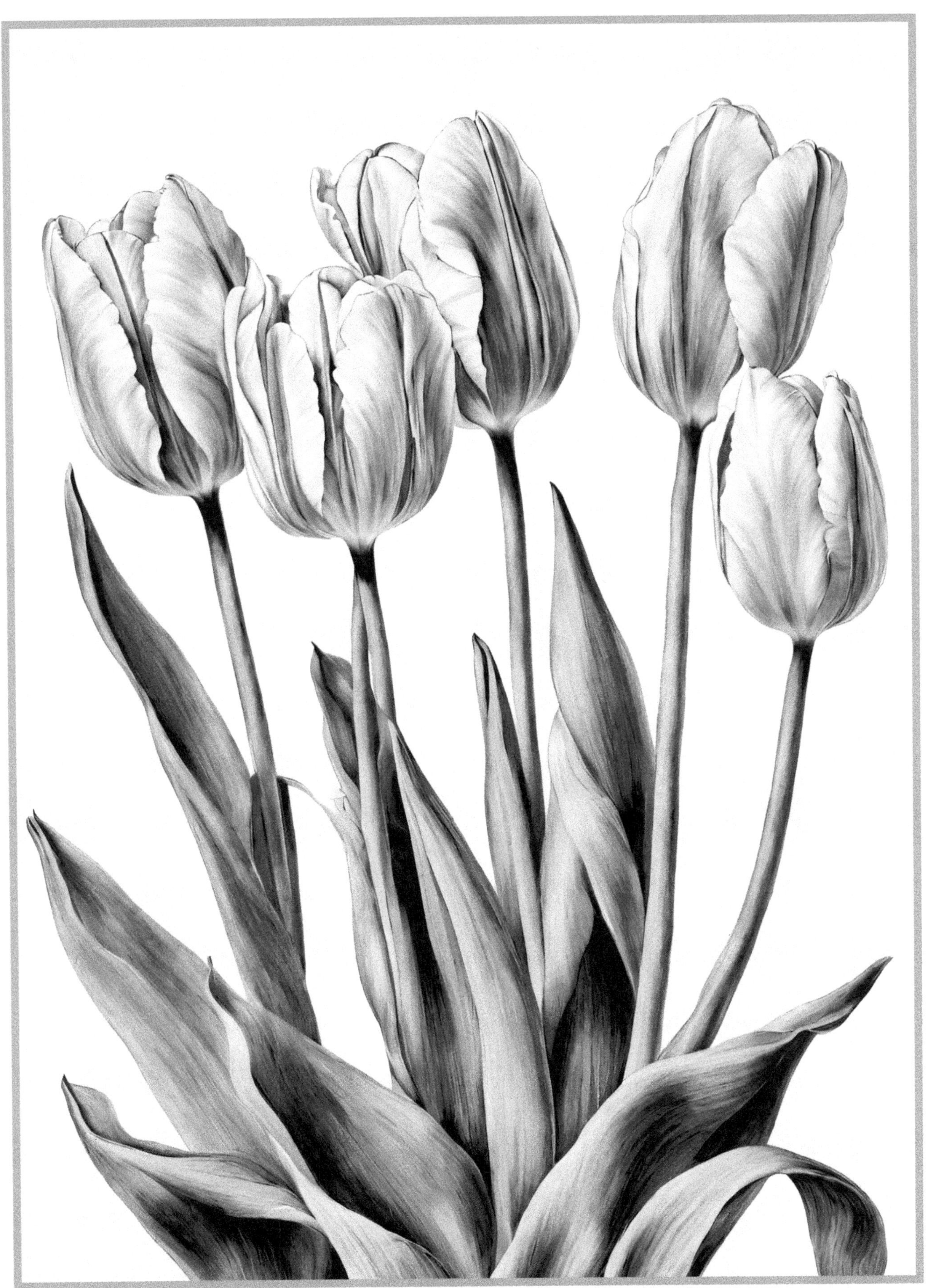

Tulipano

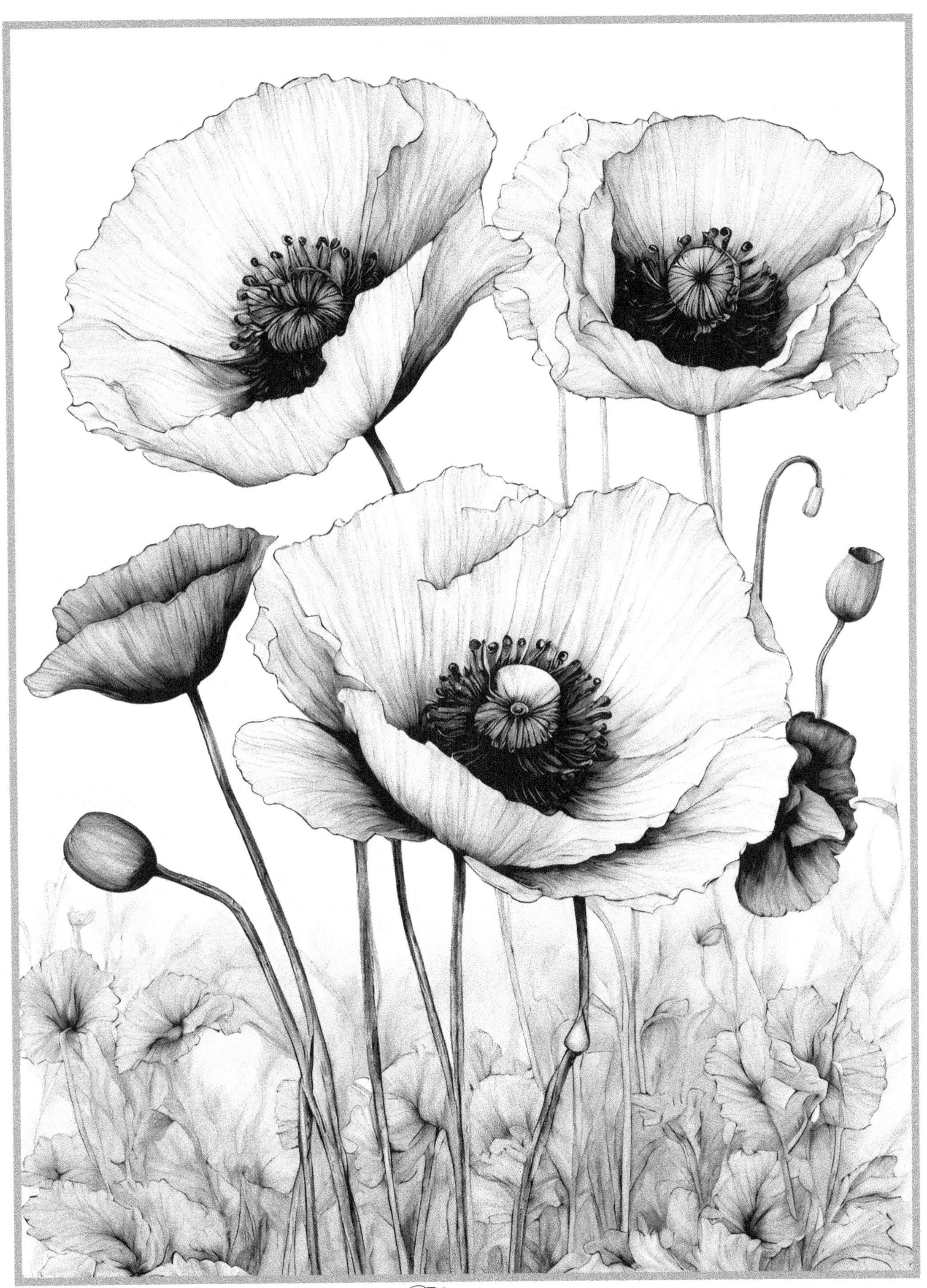

Papavero

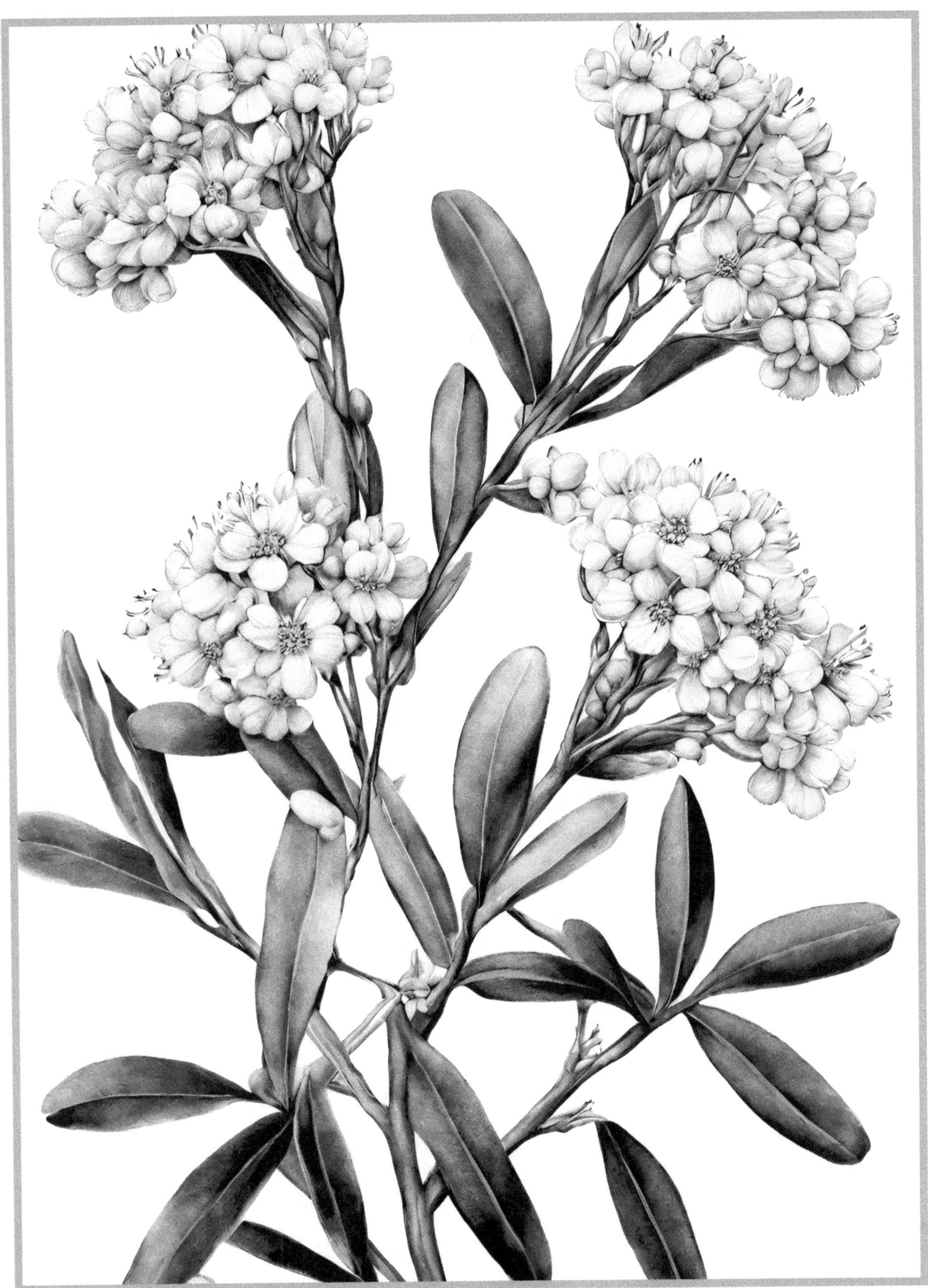

Acacia

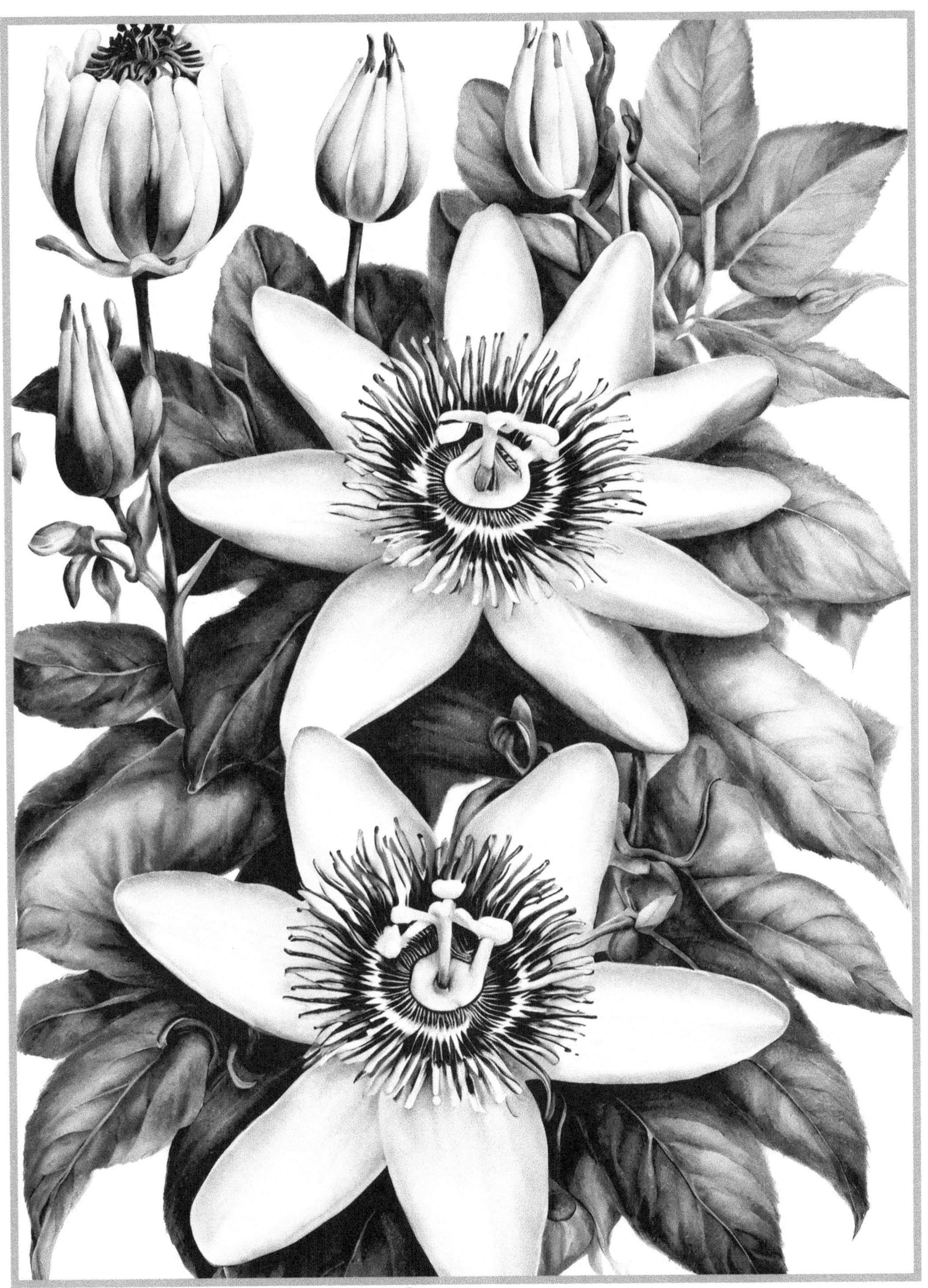

Passiflora

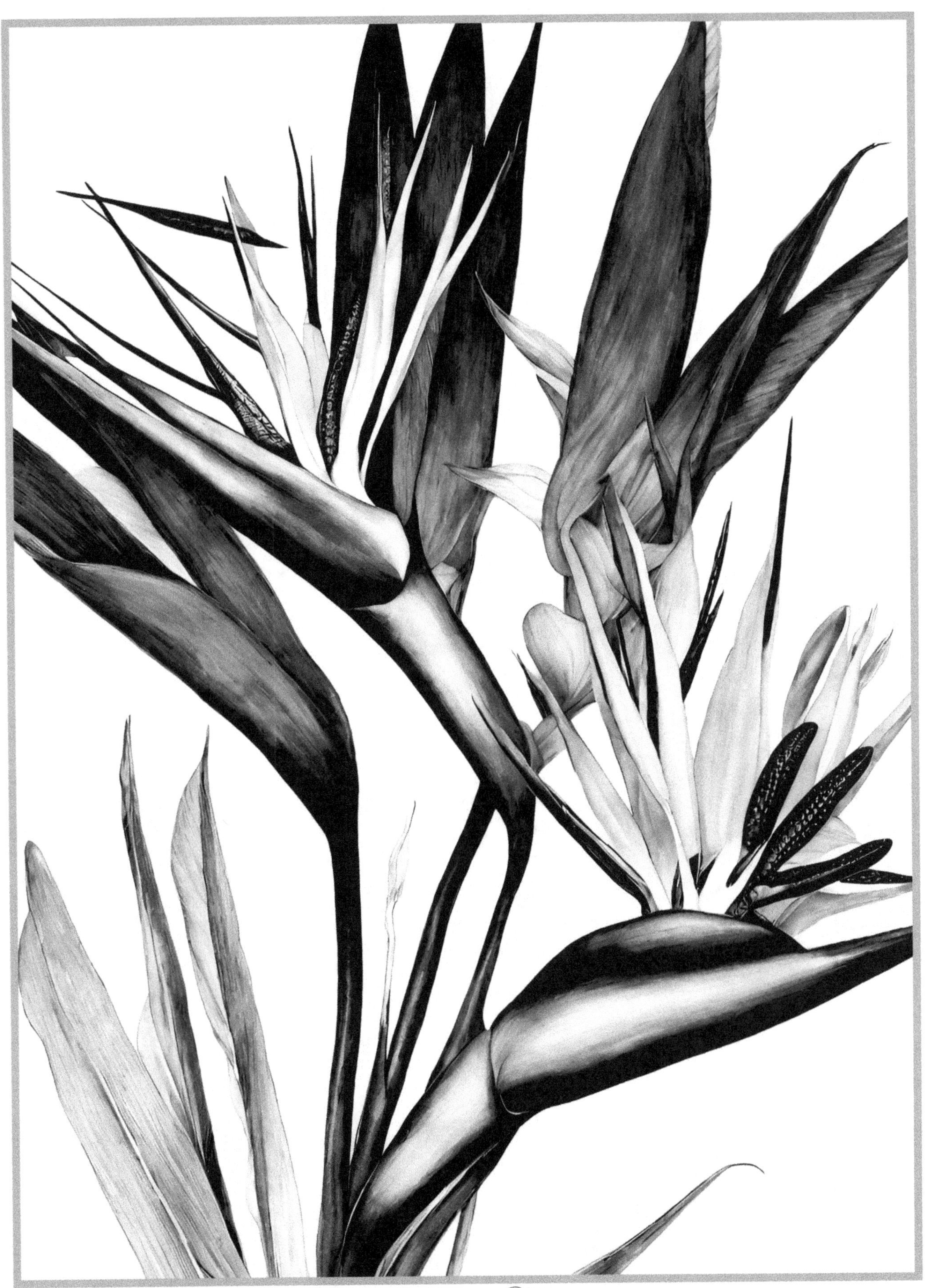

Uccello del Paradiso

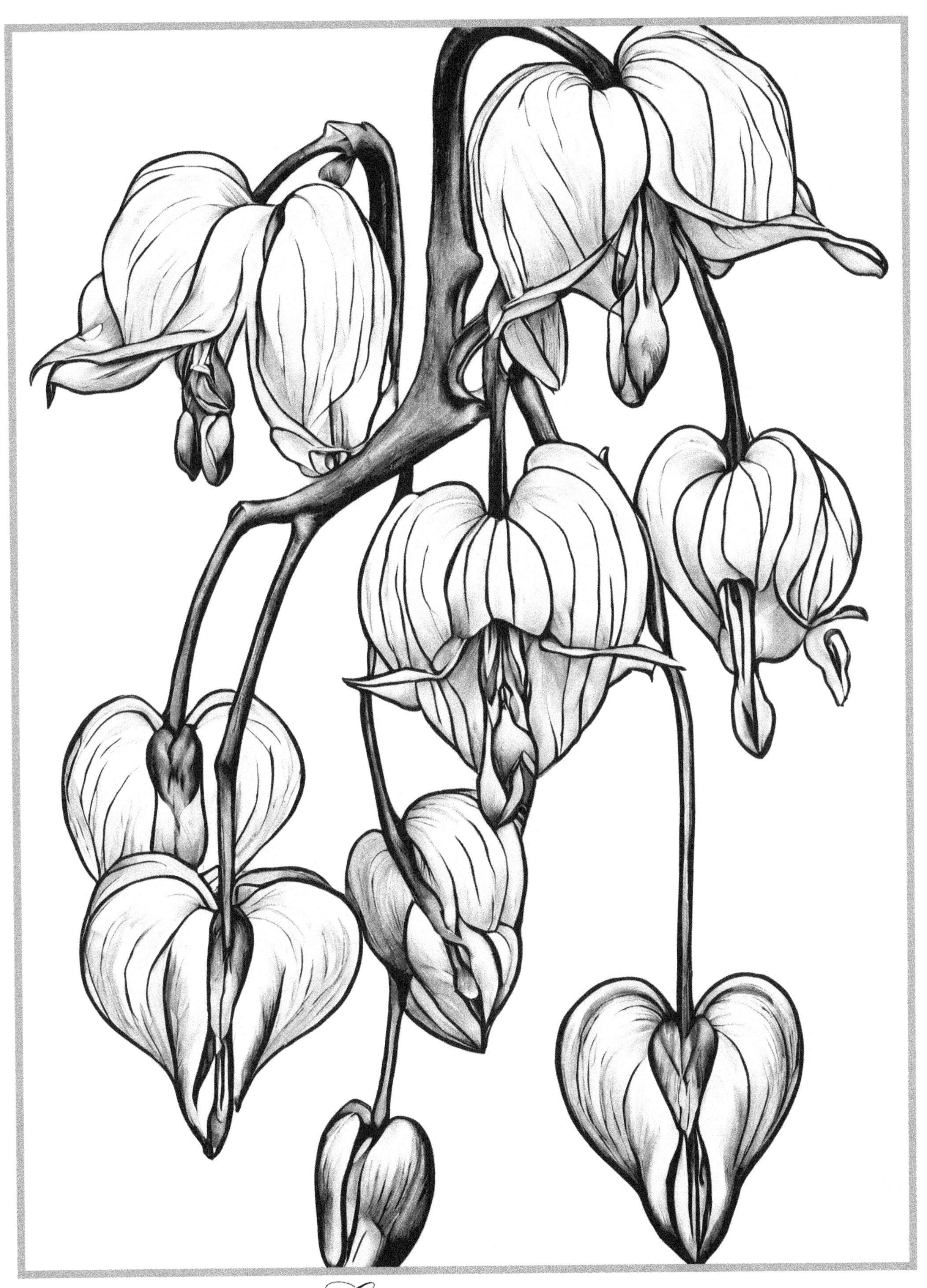

Cuore sanguinante

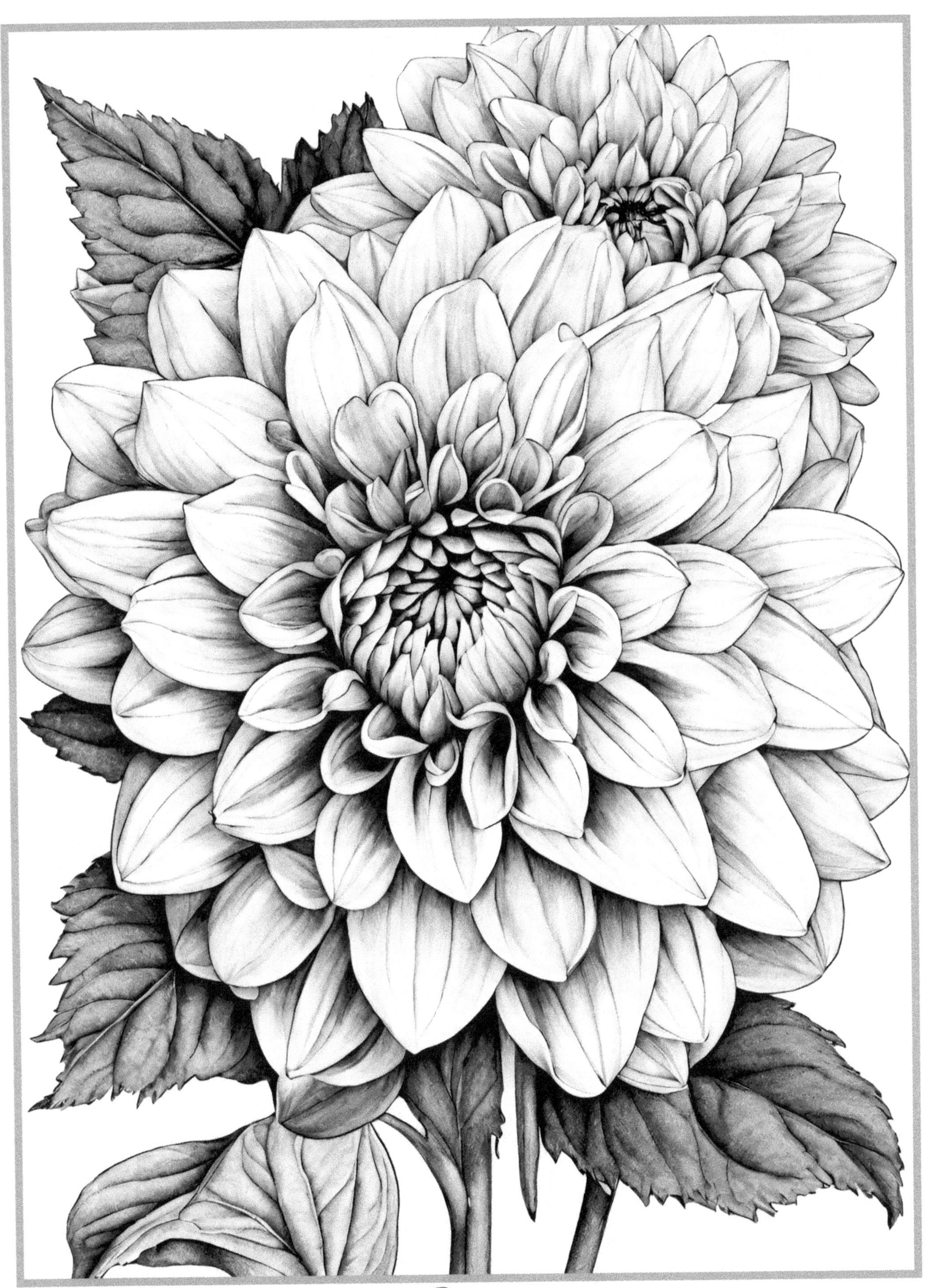

Dalia

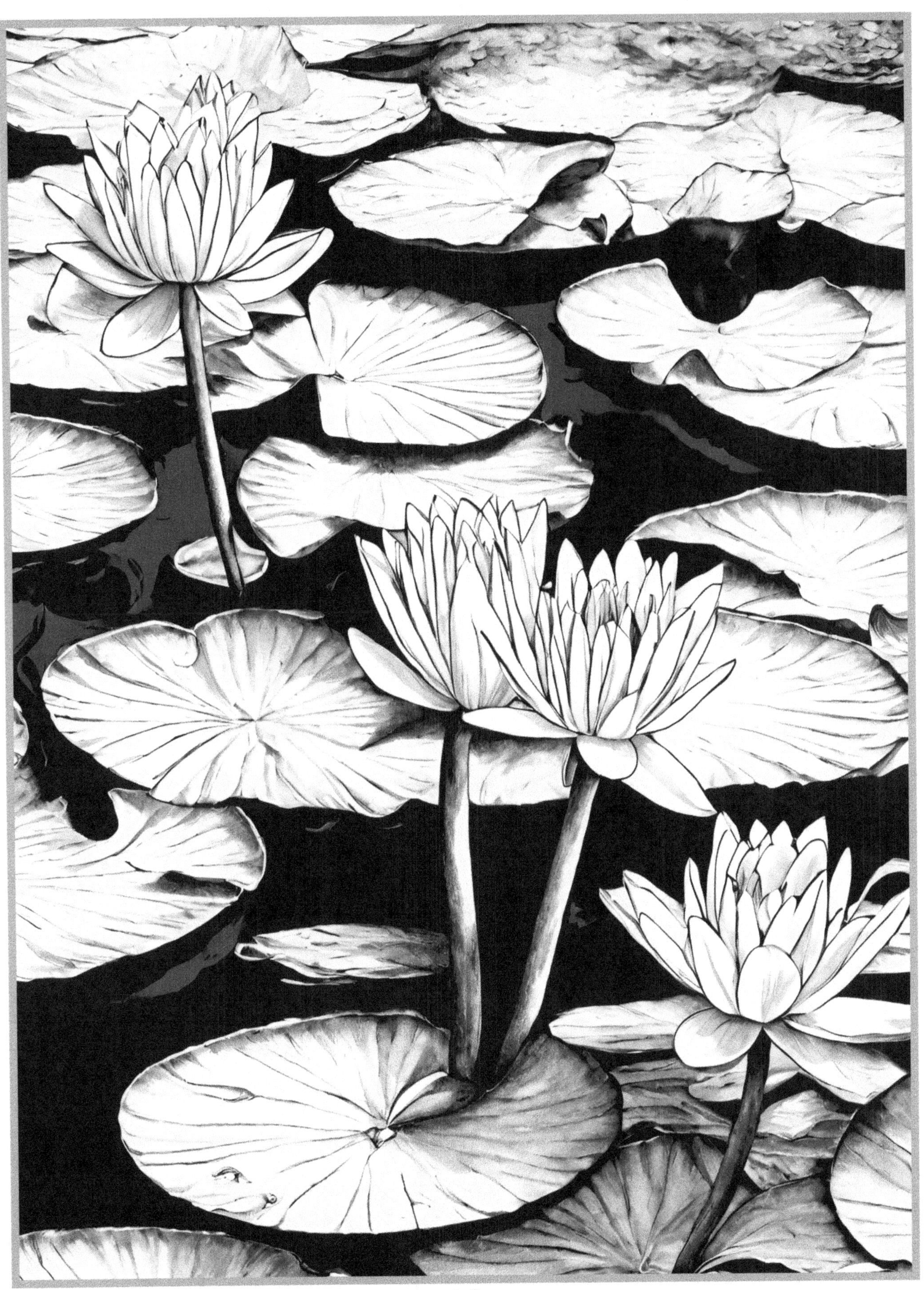

Ninfea

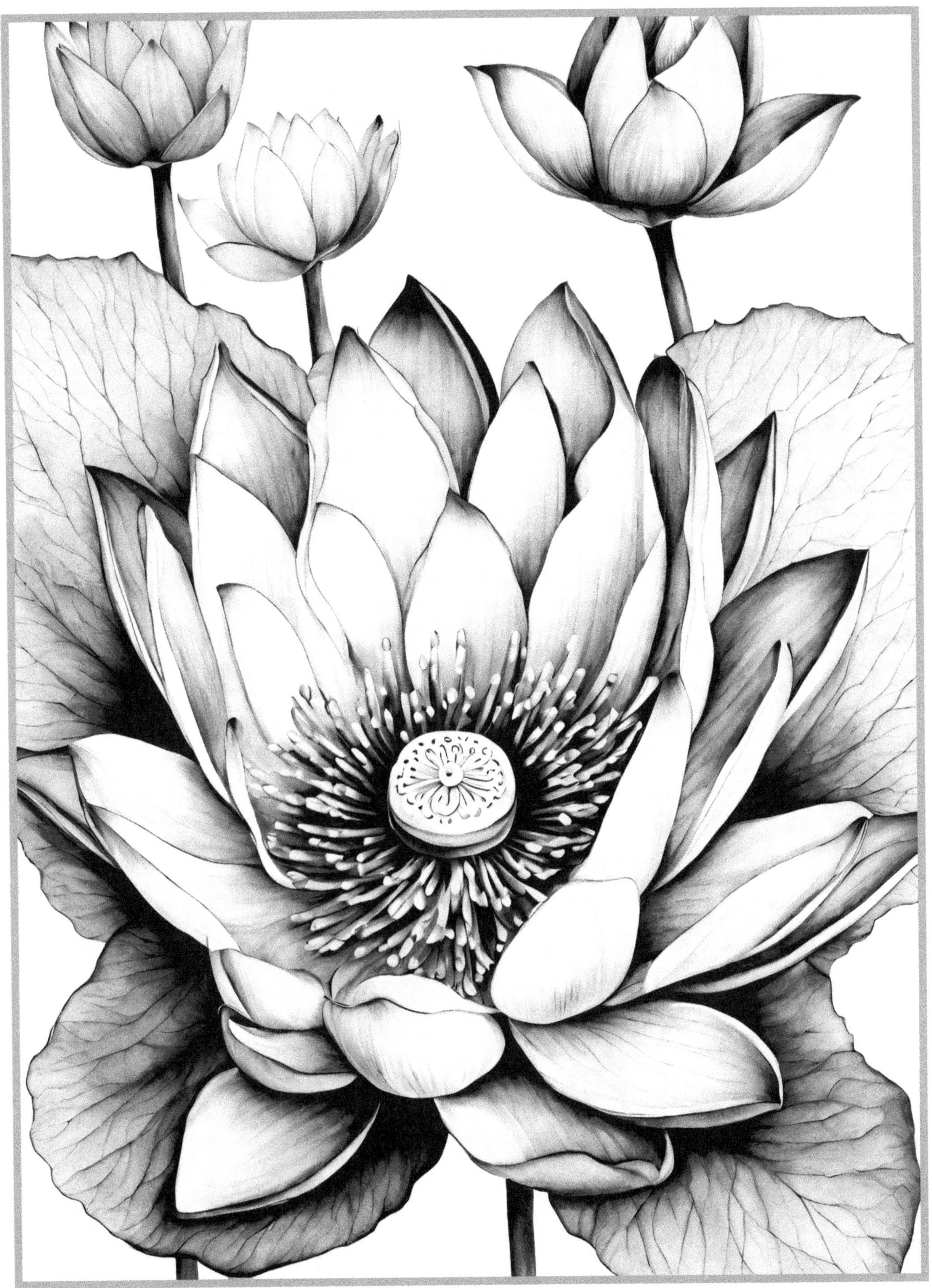

Loto

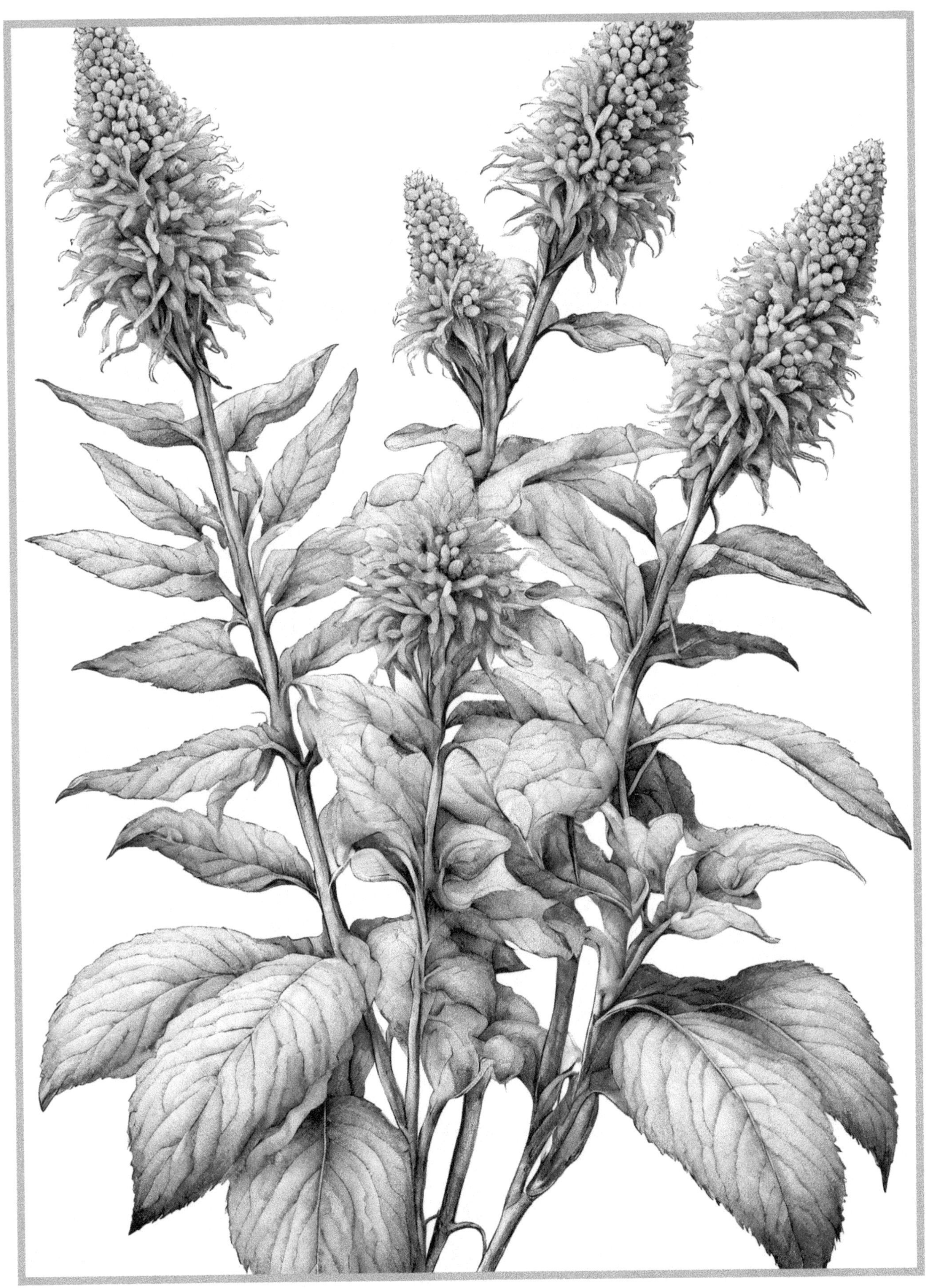

Amaranto

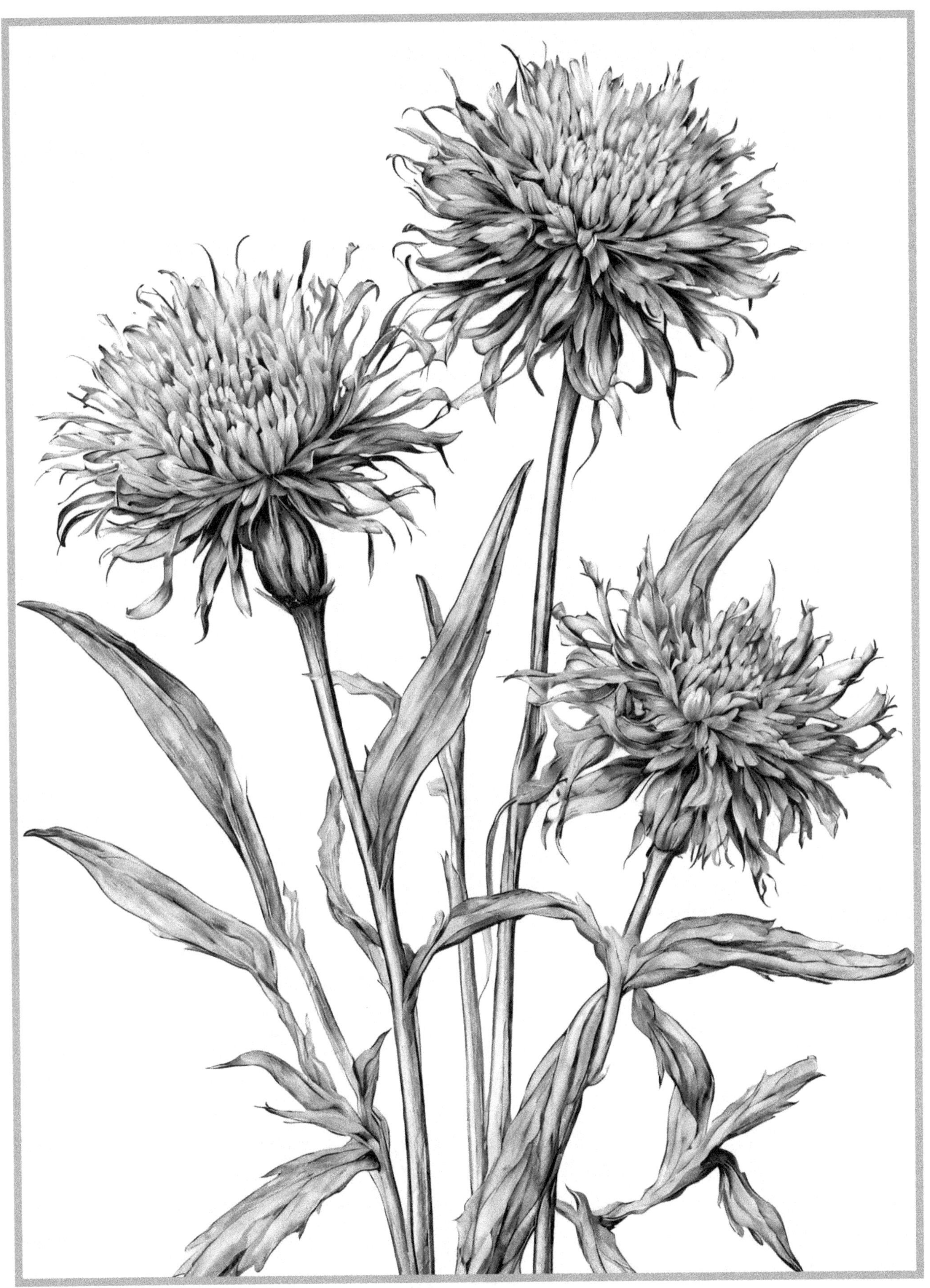

Fiordaliso

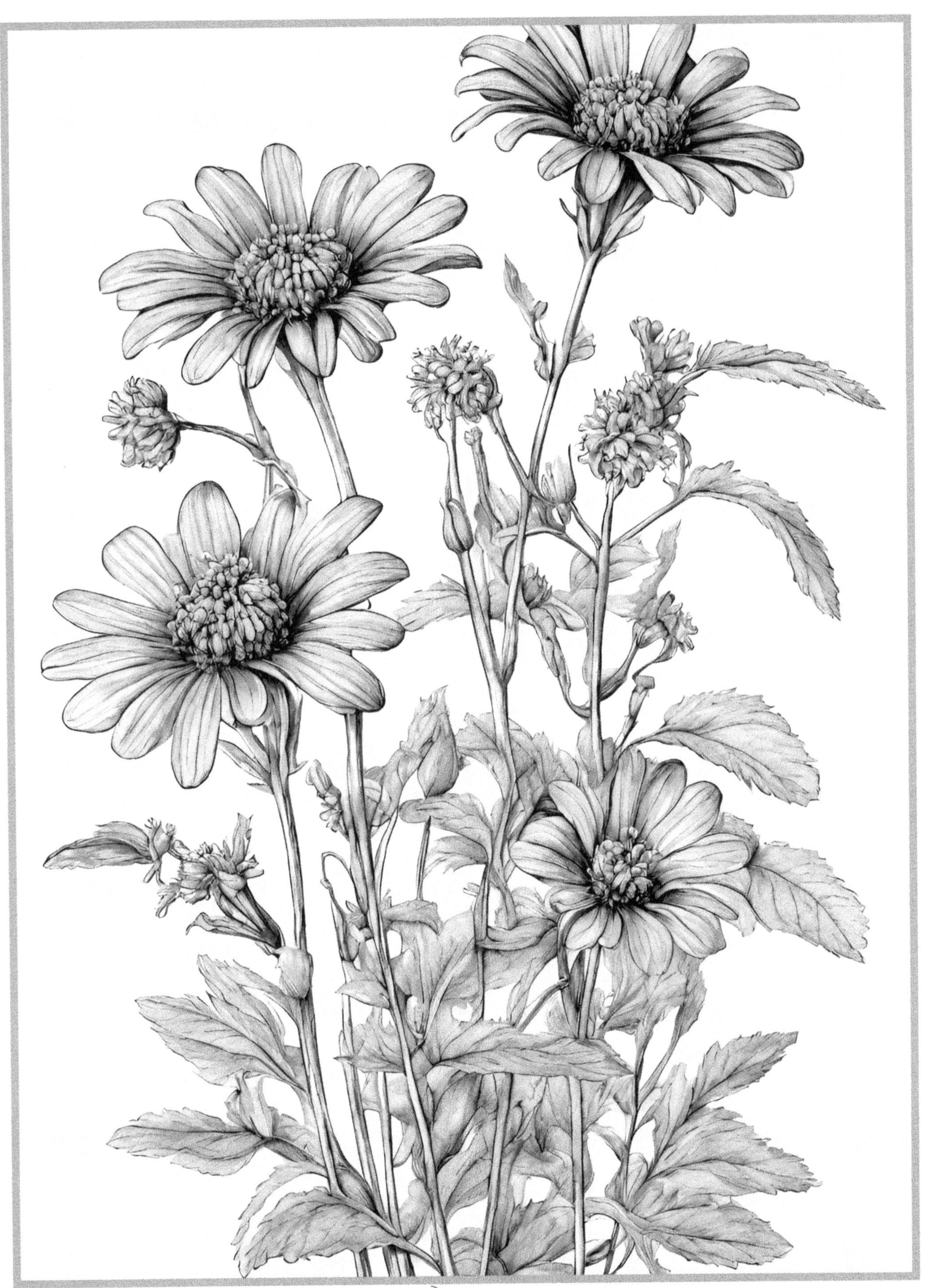

Verbena

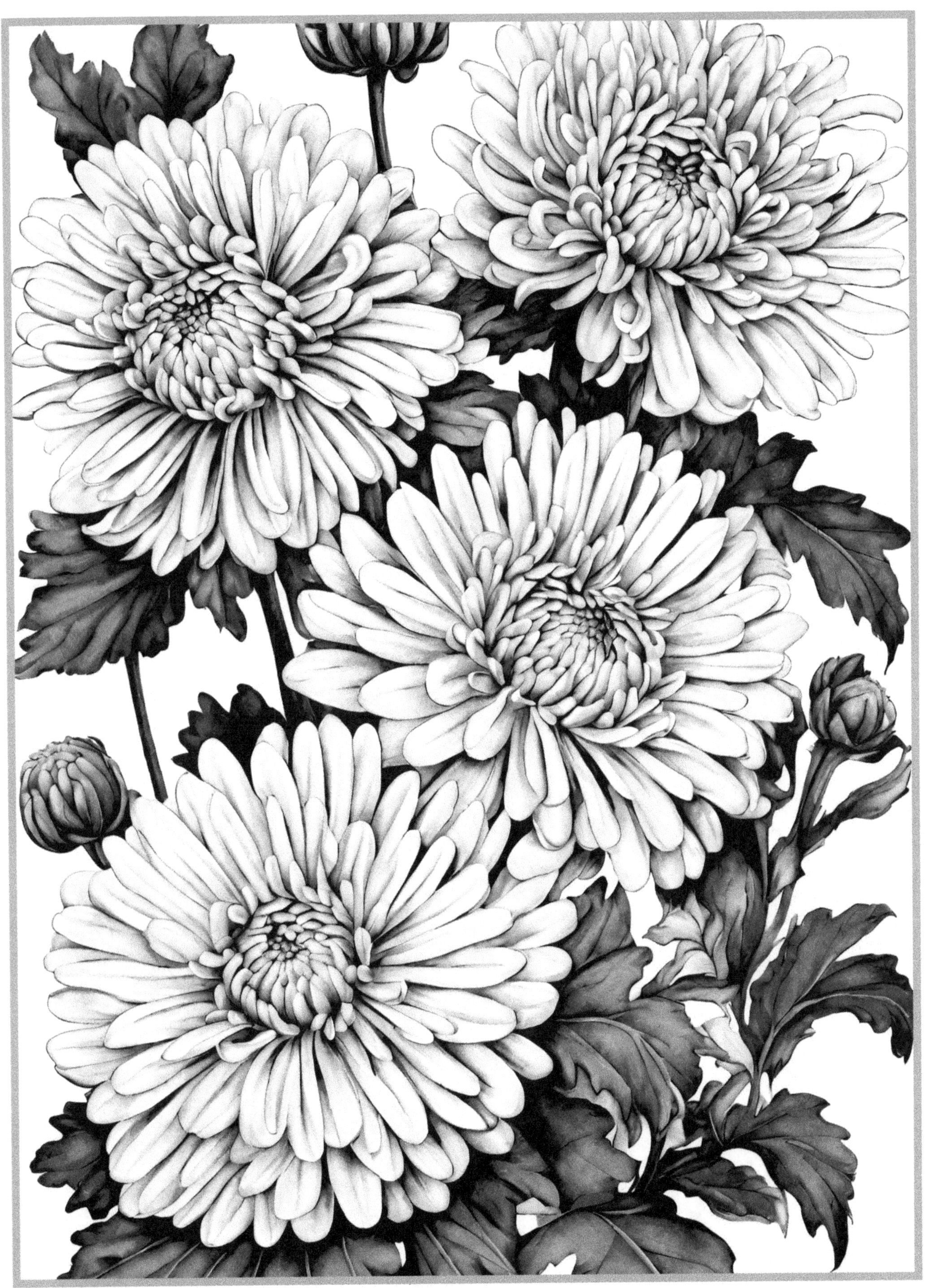

Crisantemo

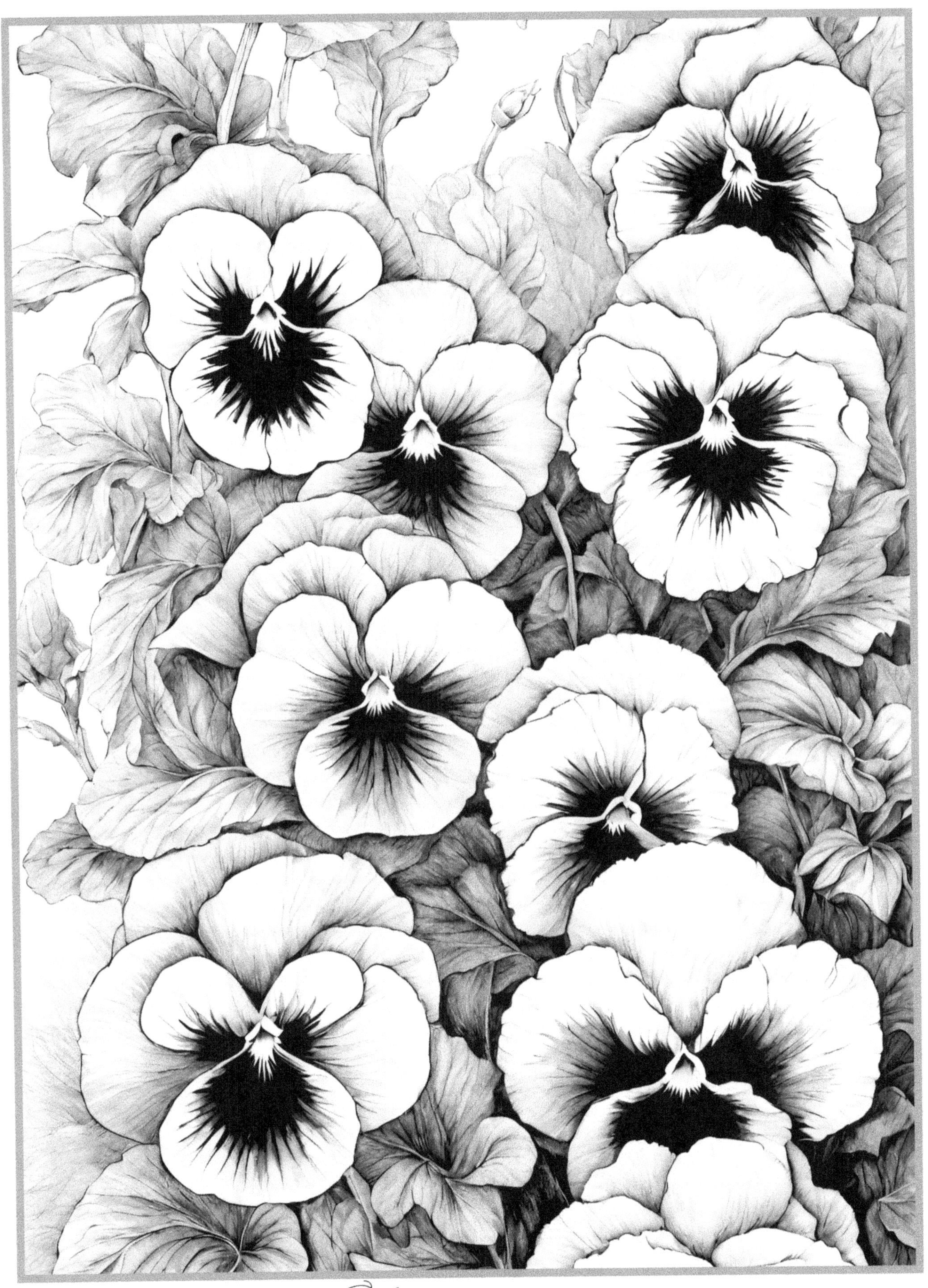

Viola del pensiero

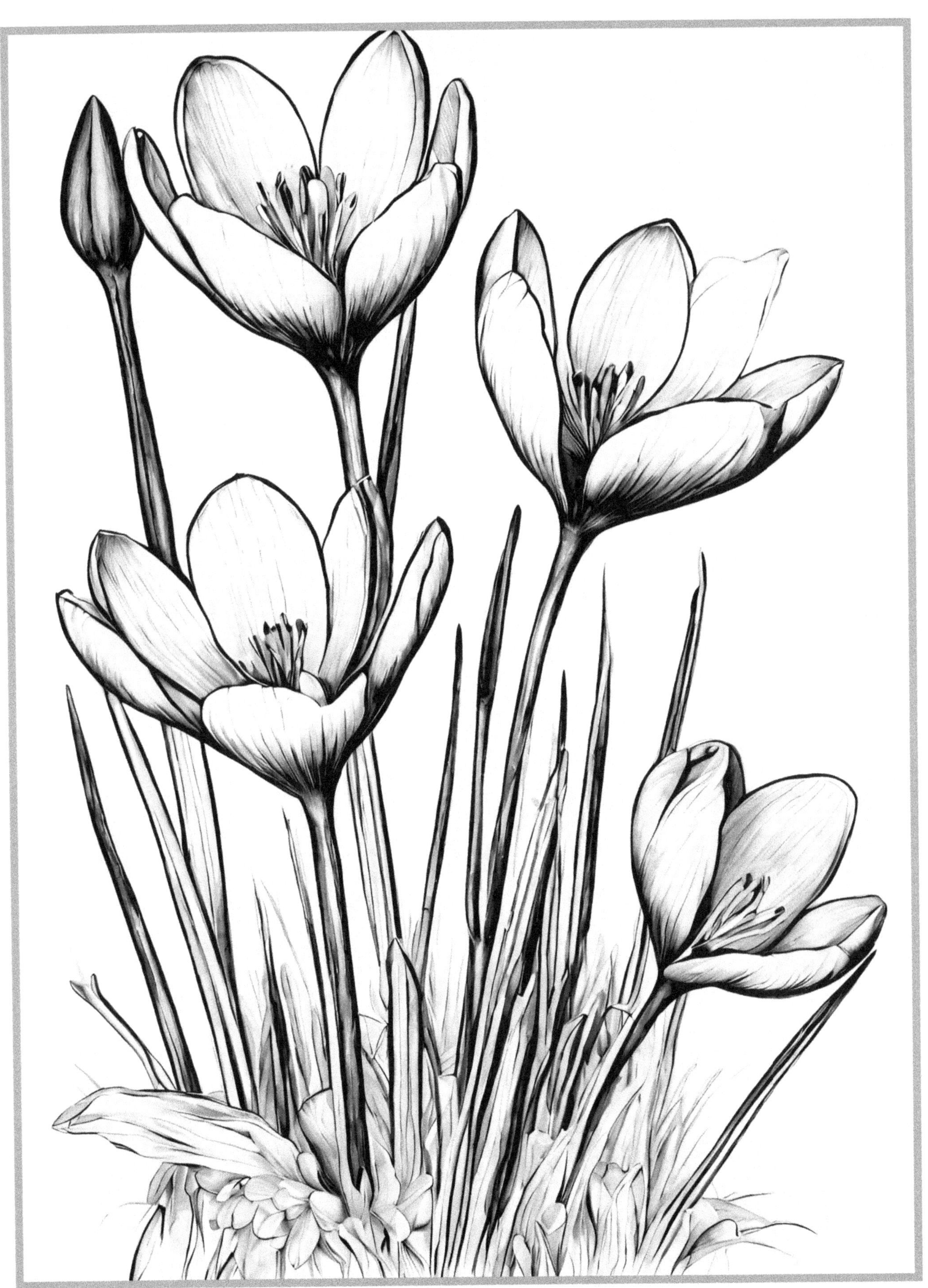

Croco Autunnale

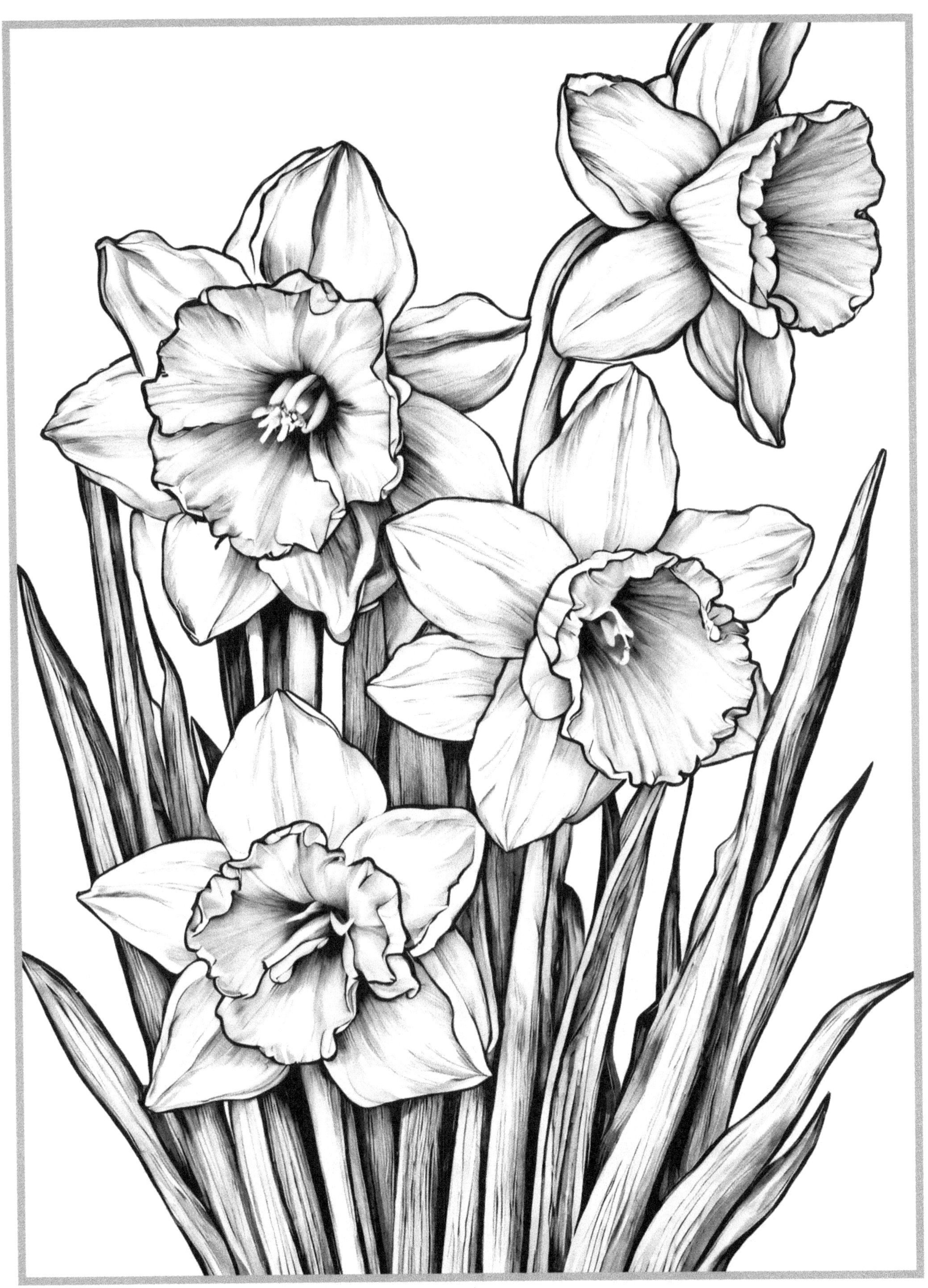

Narciso

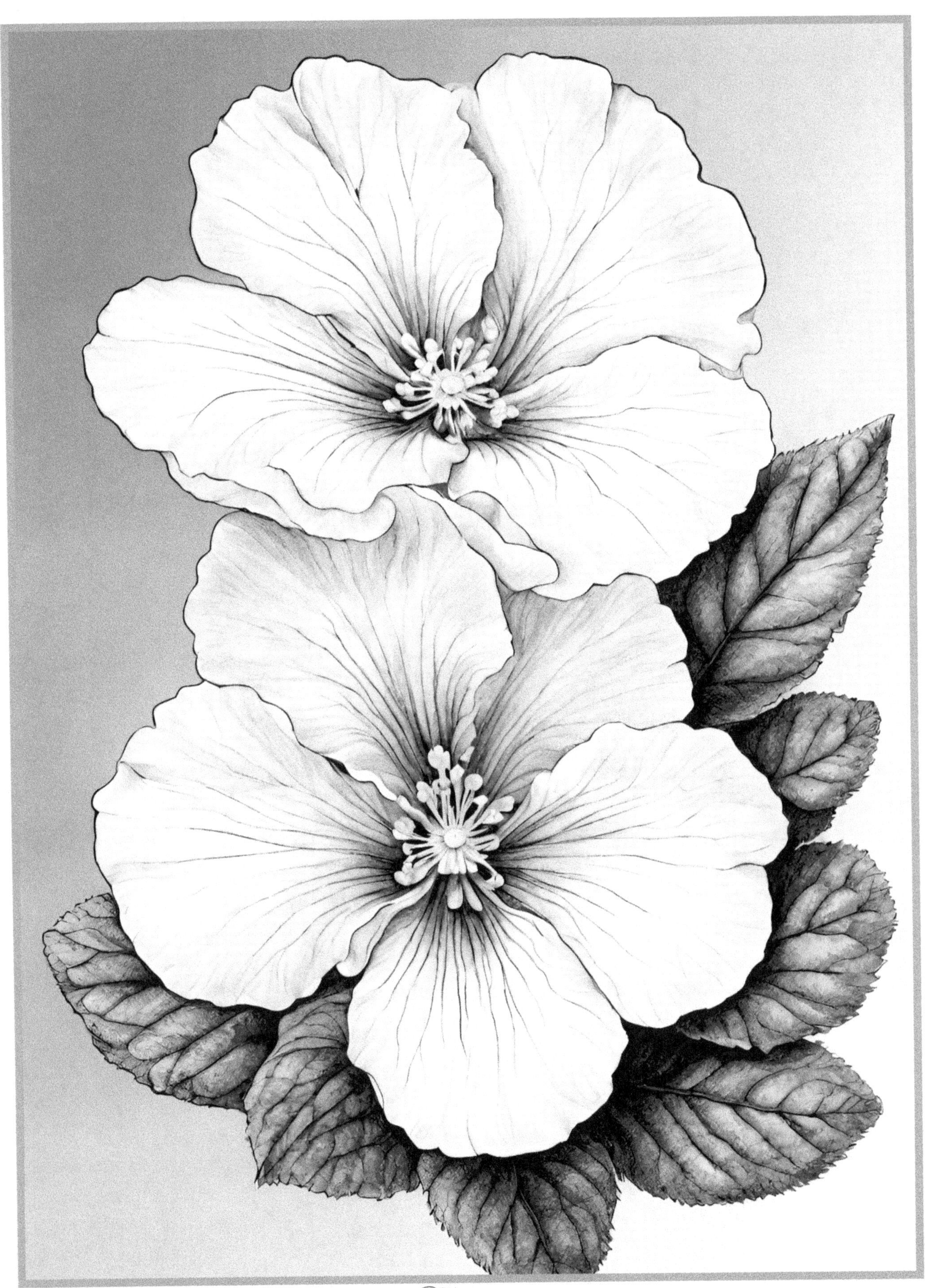

Primula

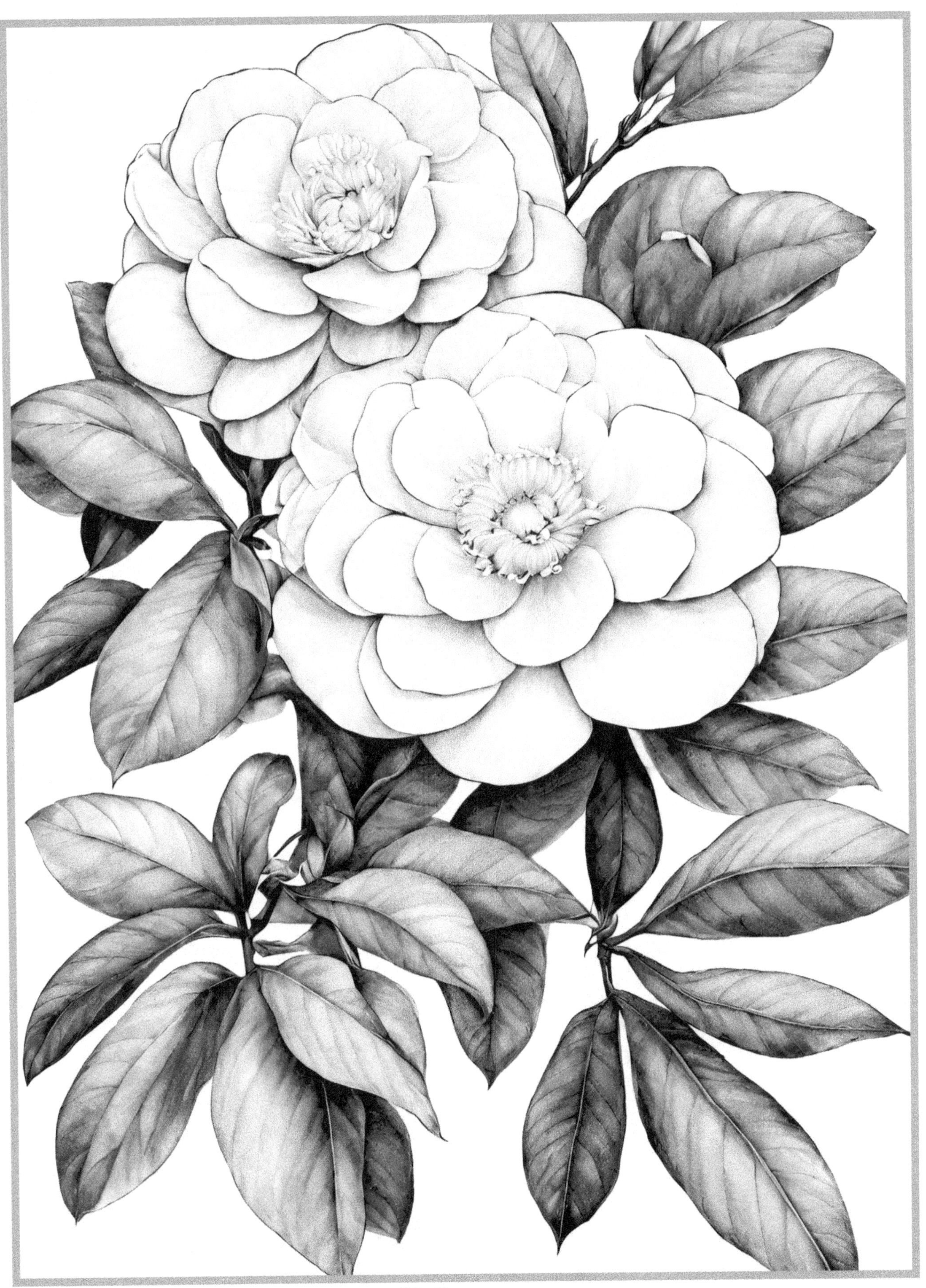

Camelia

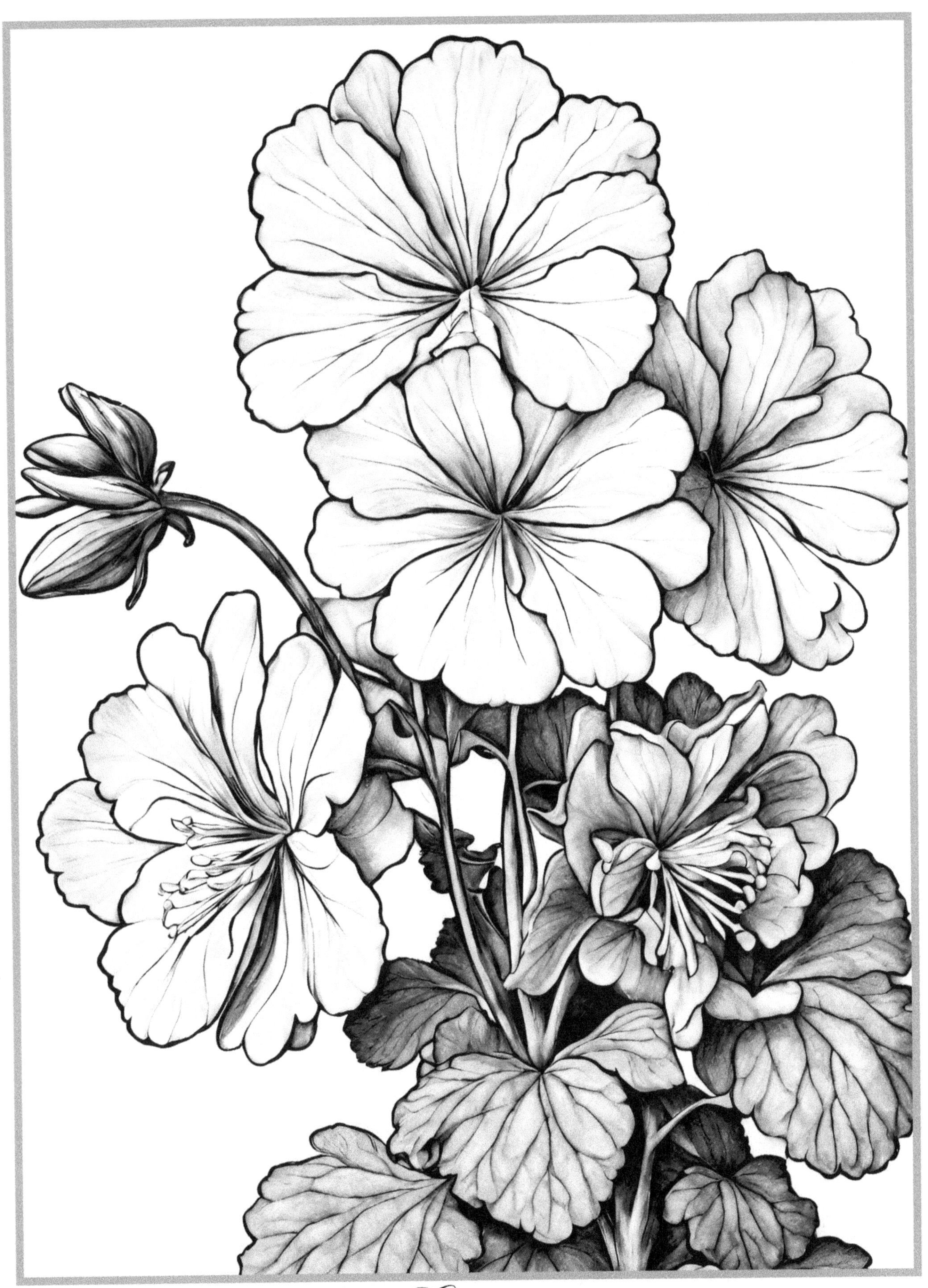

Geranio

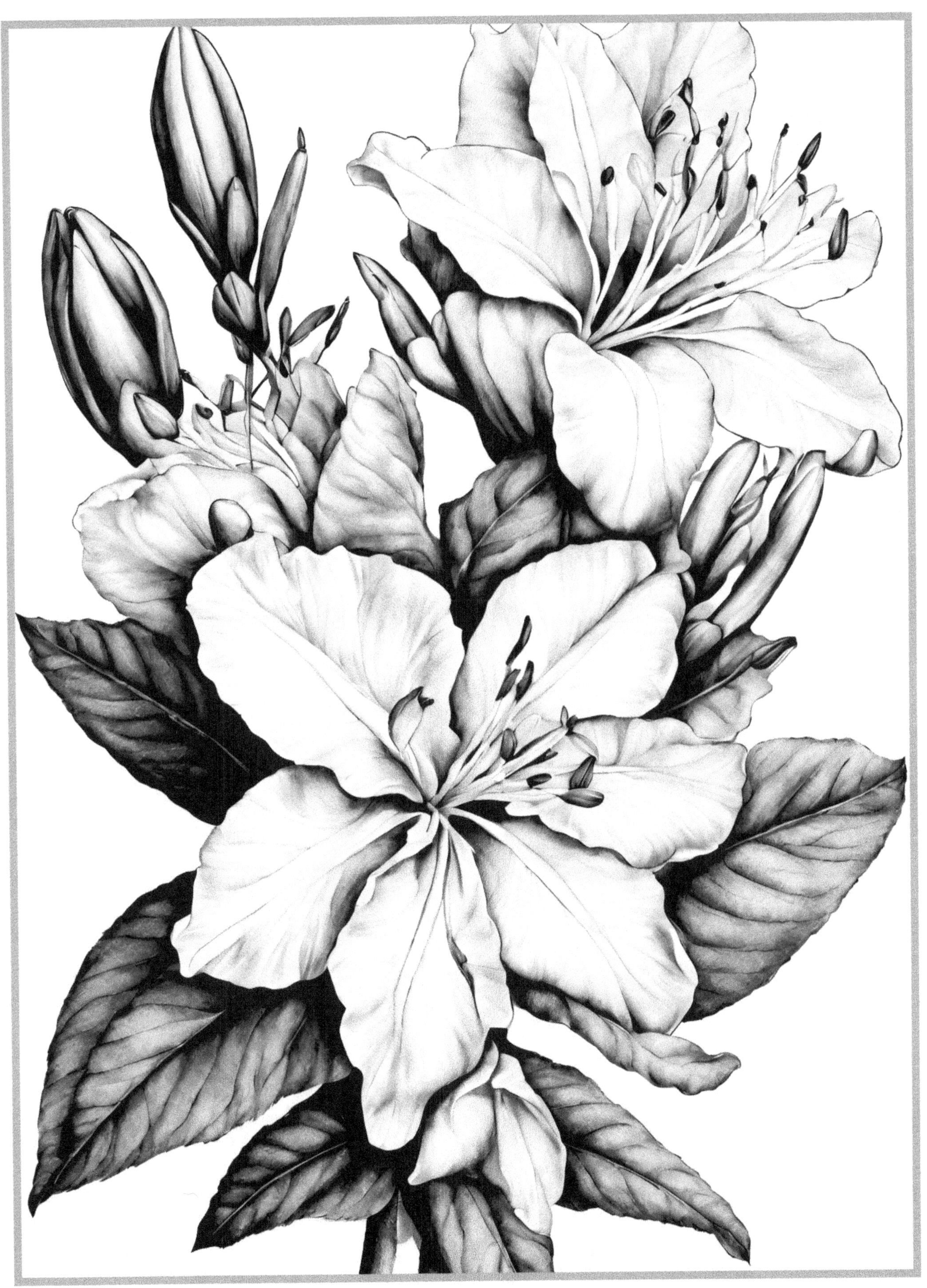

Azalea

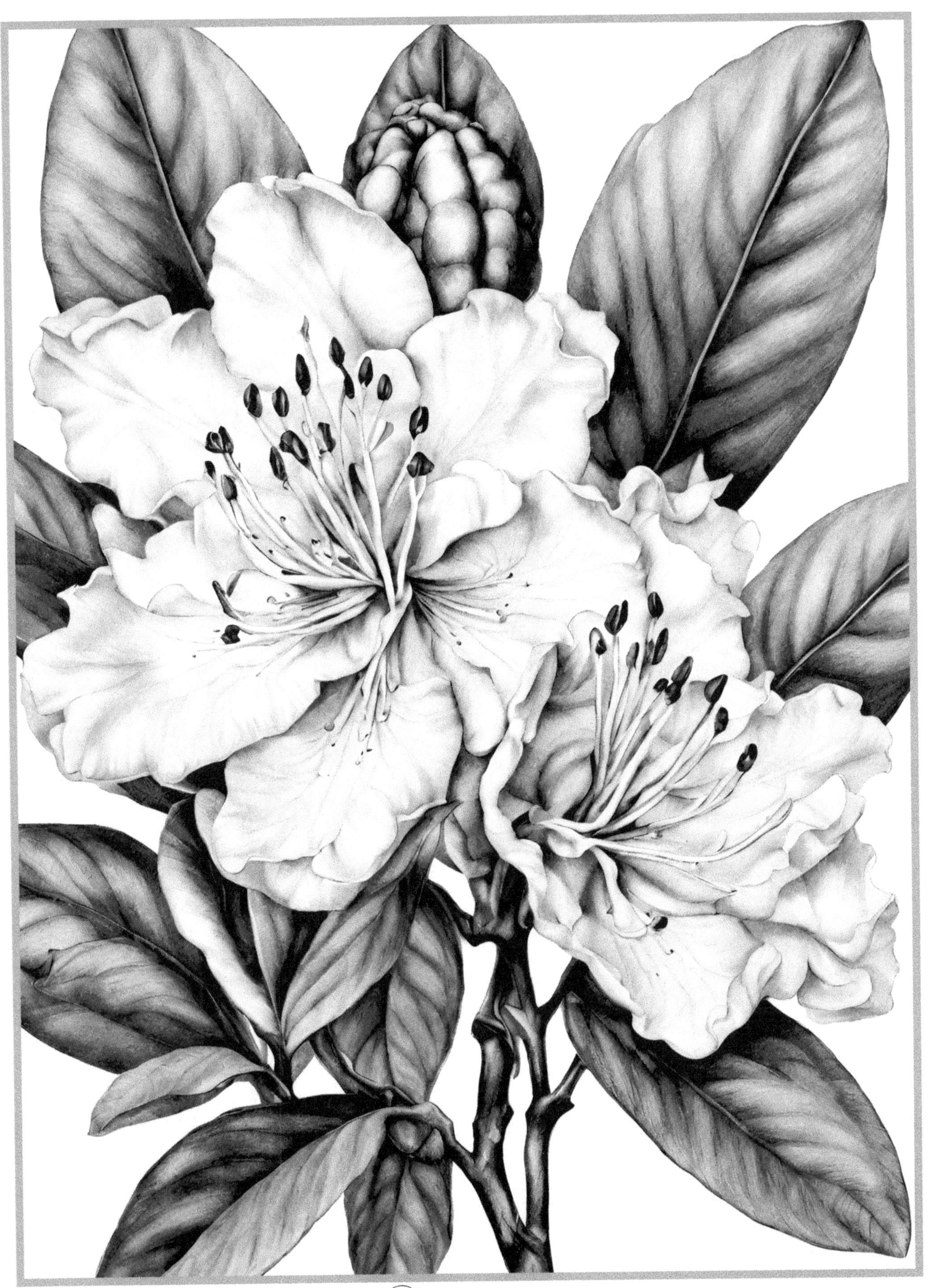

Rododendro

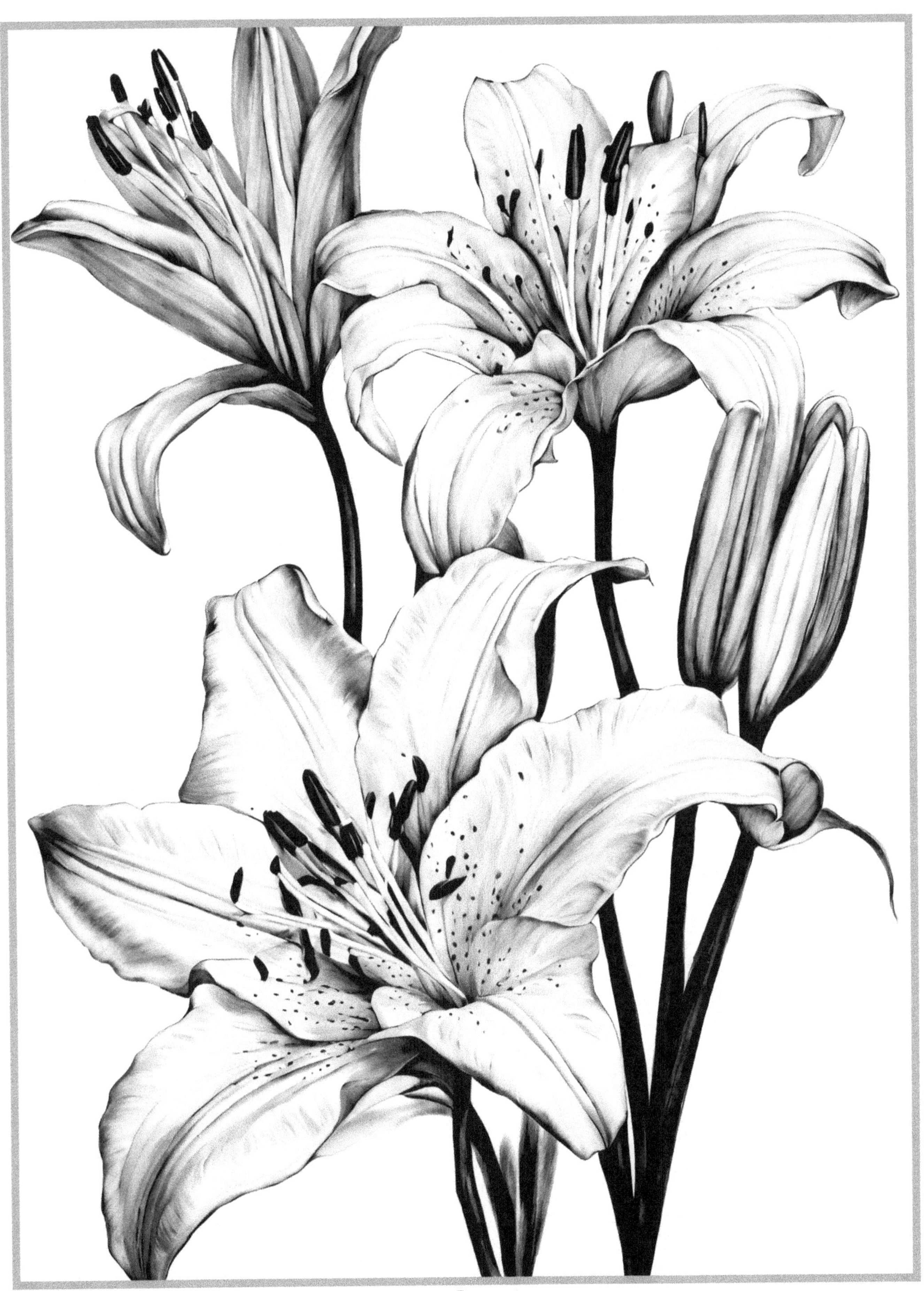

Giglio

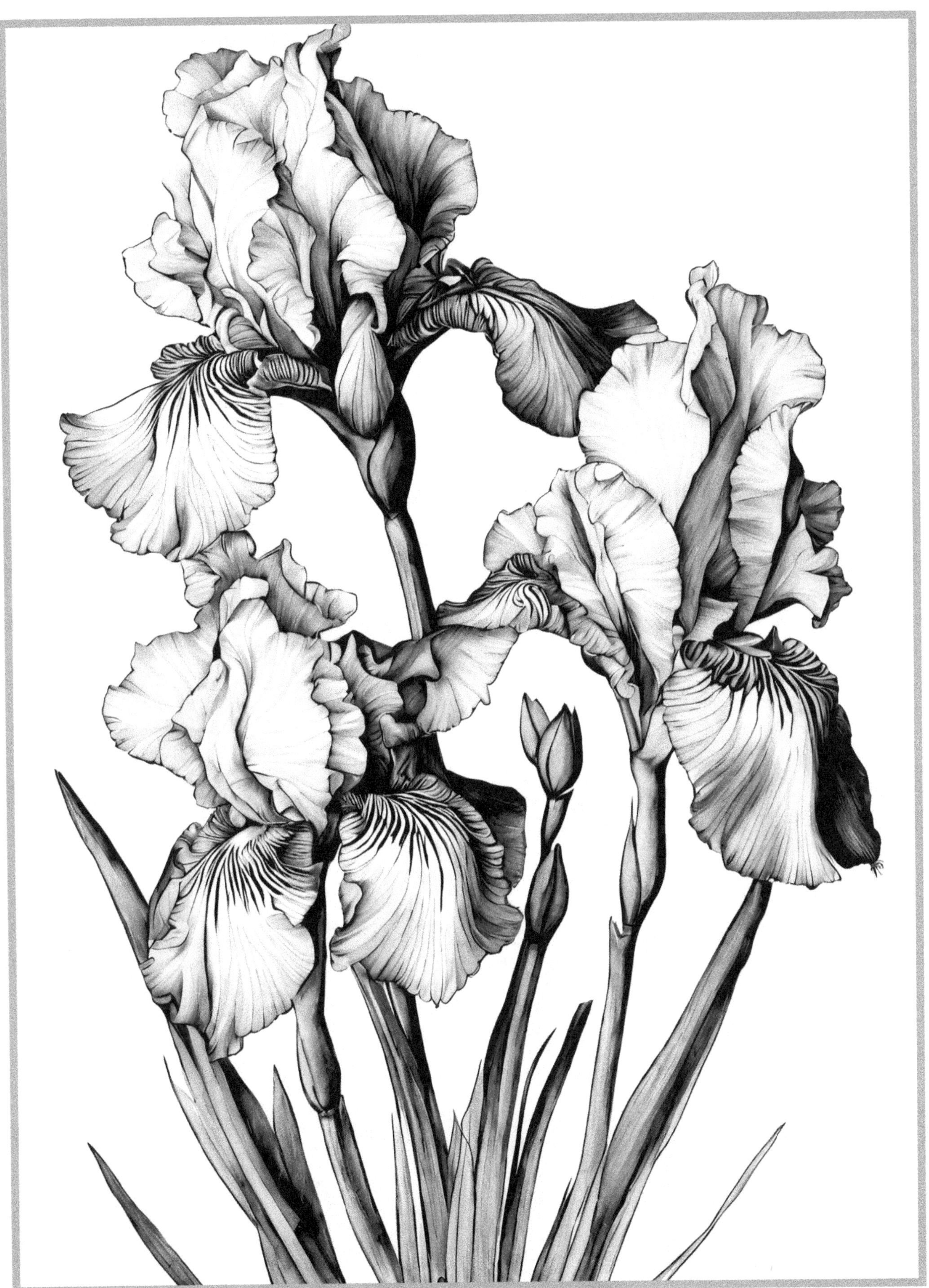

Iris

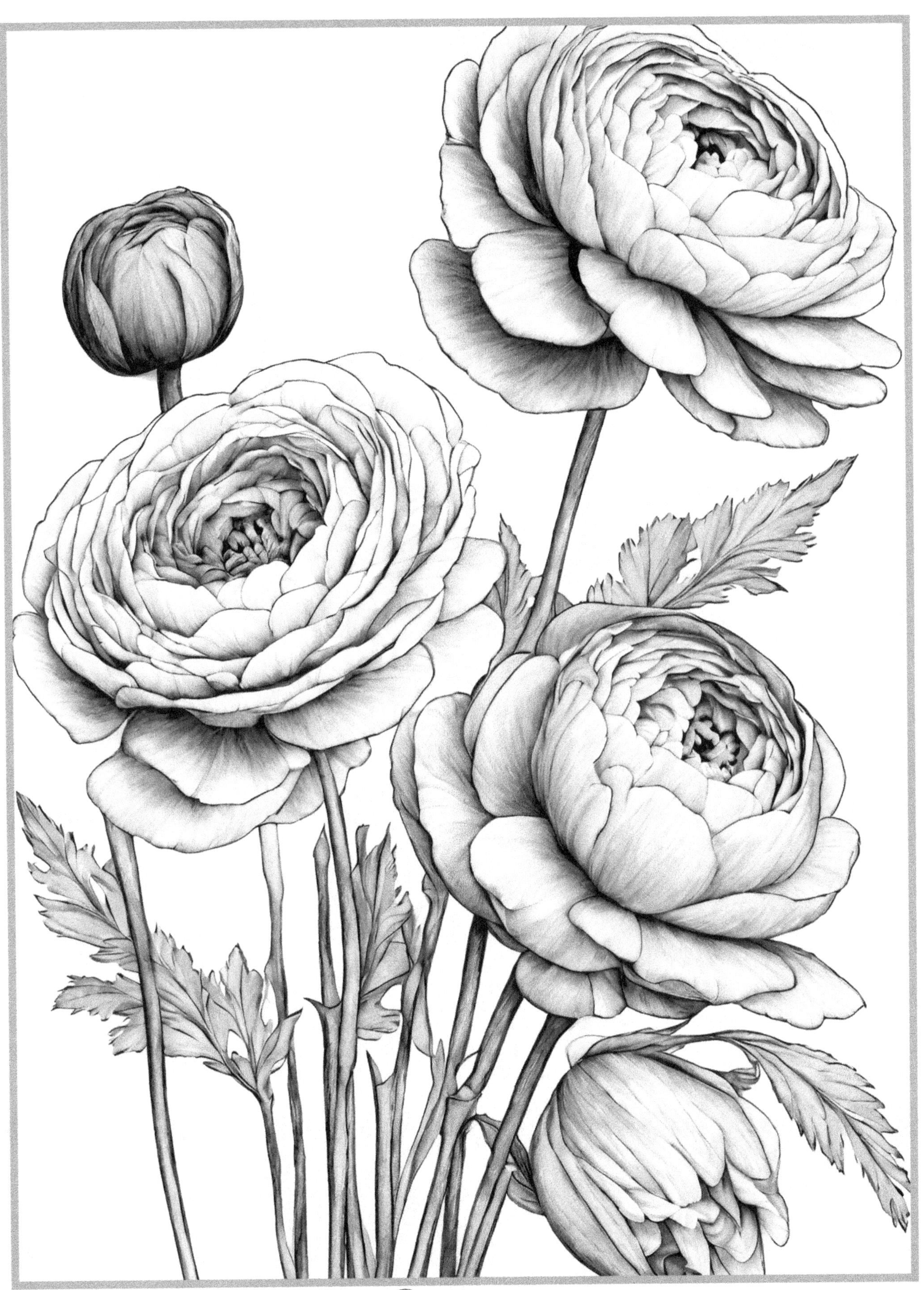

Ranuncolo

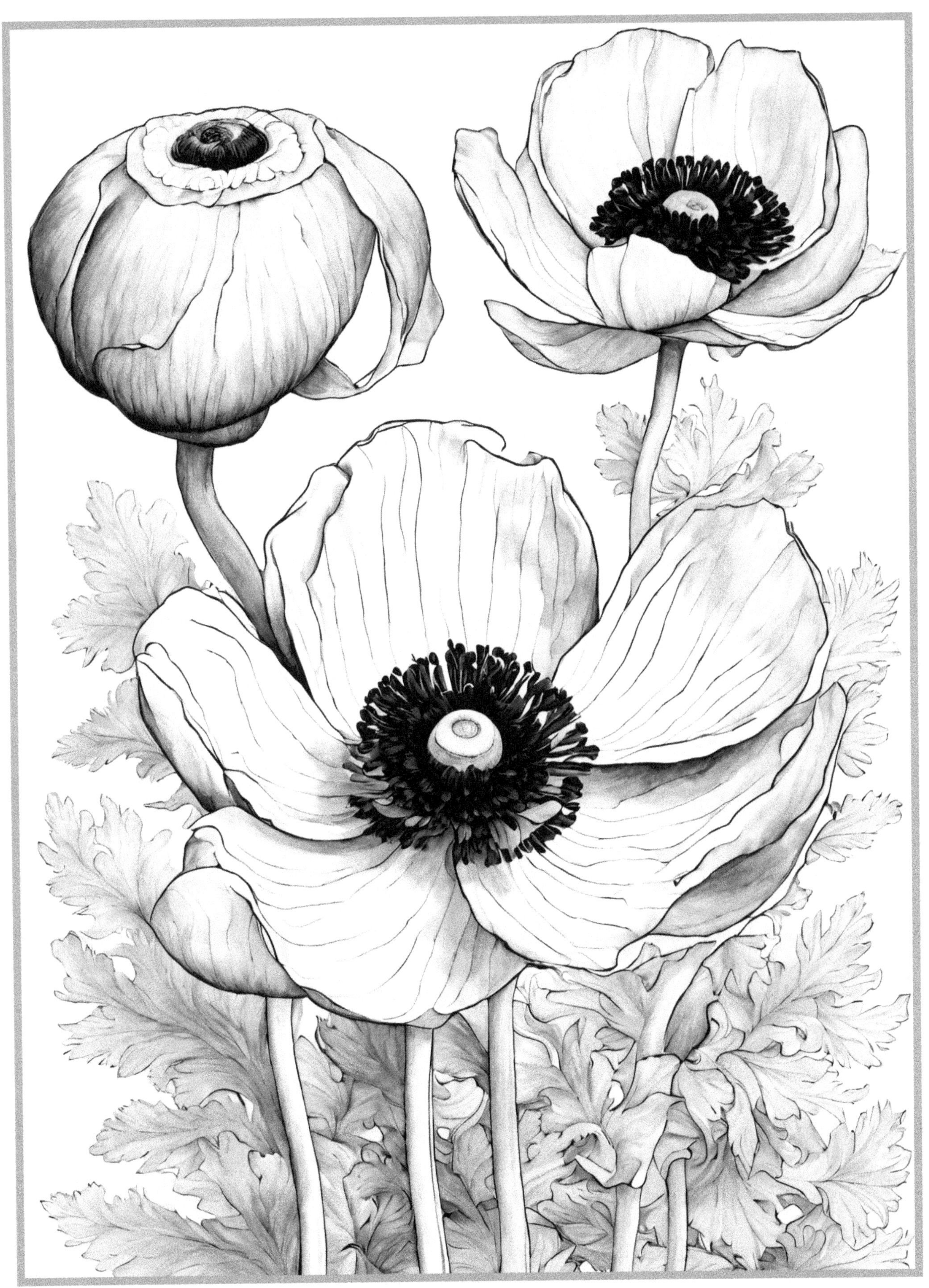

Anemone

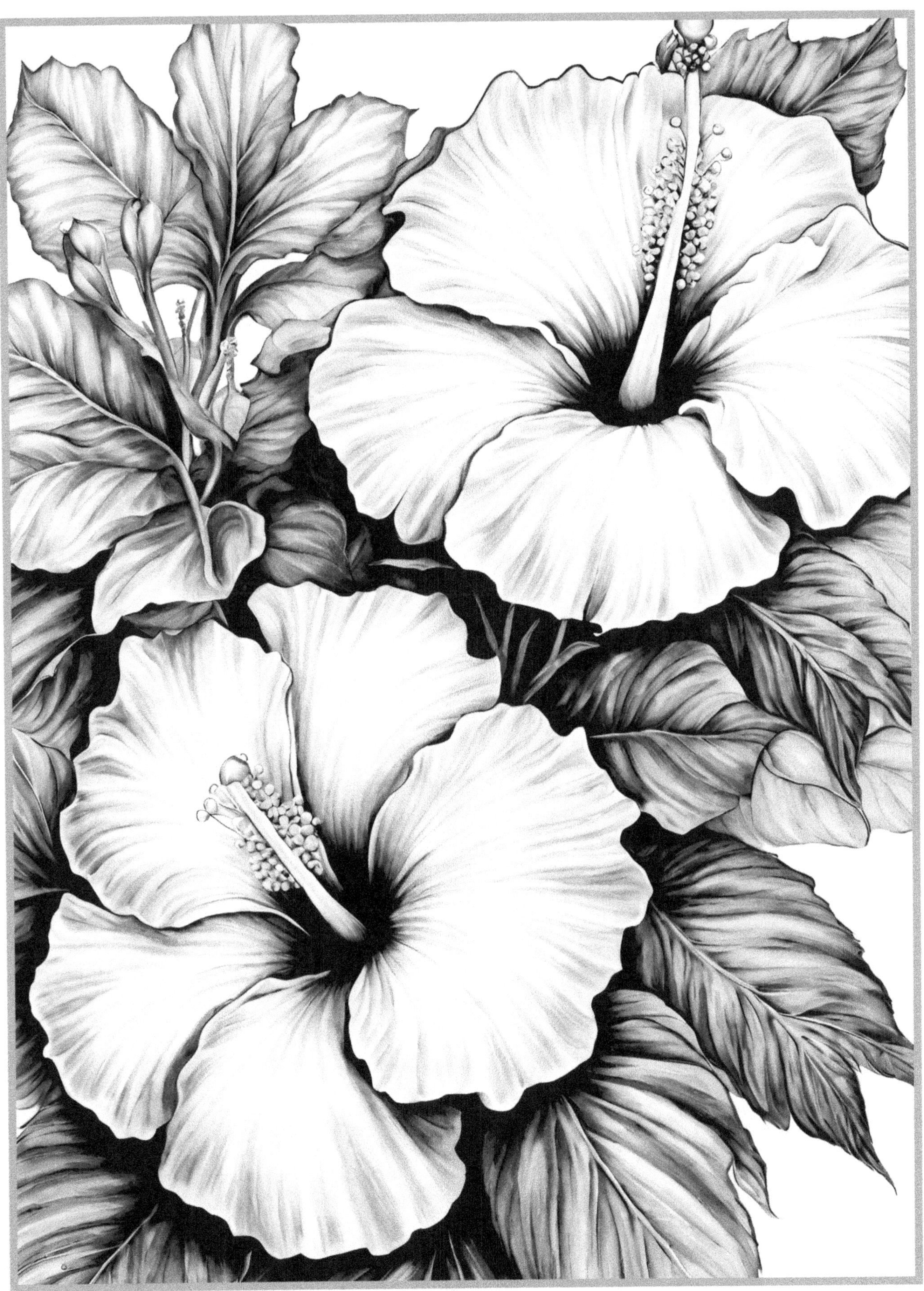

Ibisco

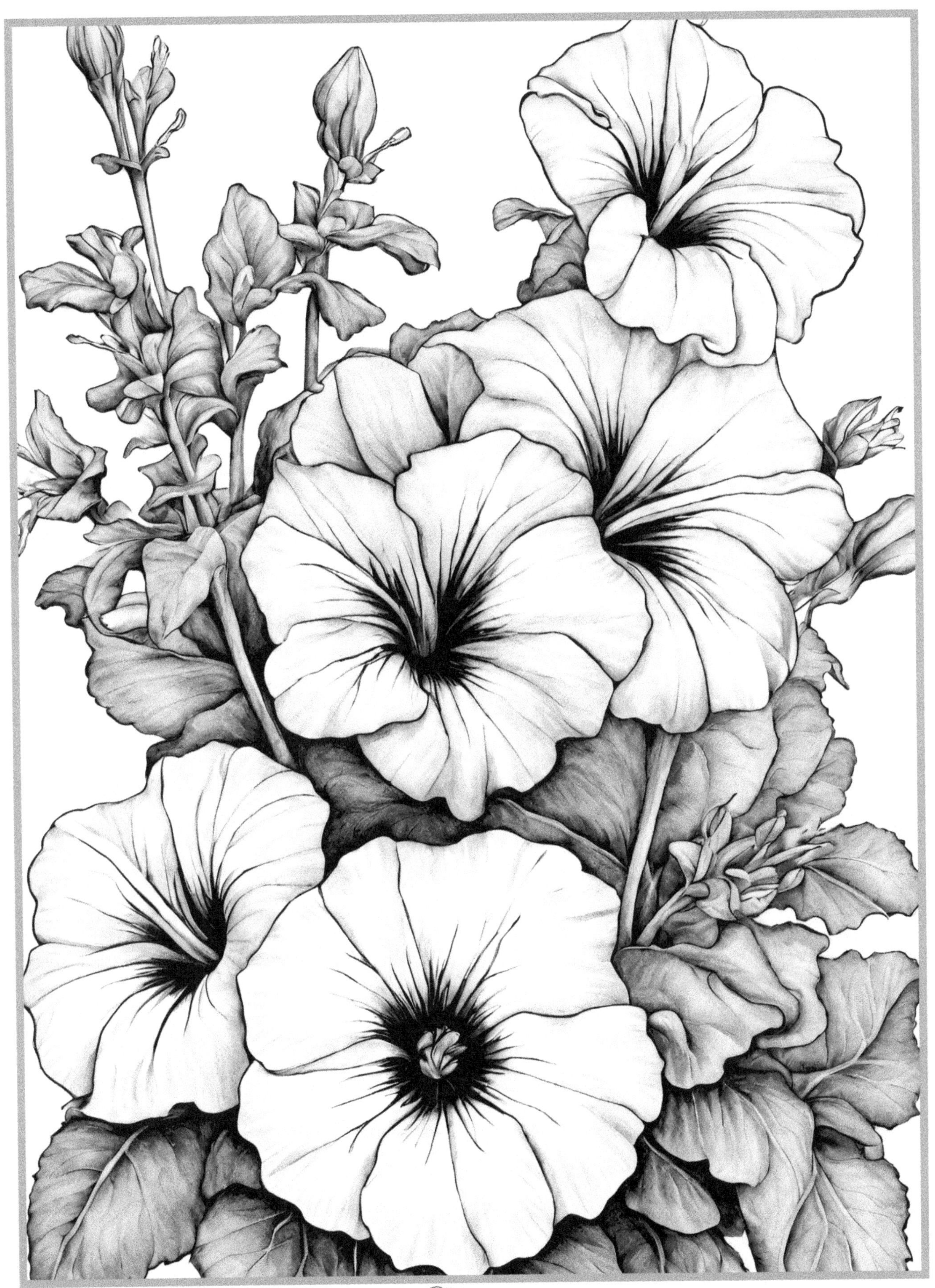

Petunia

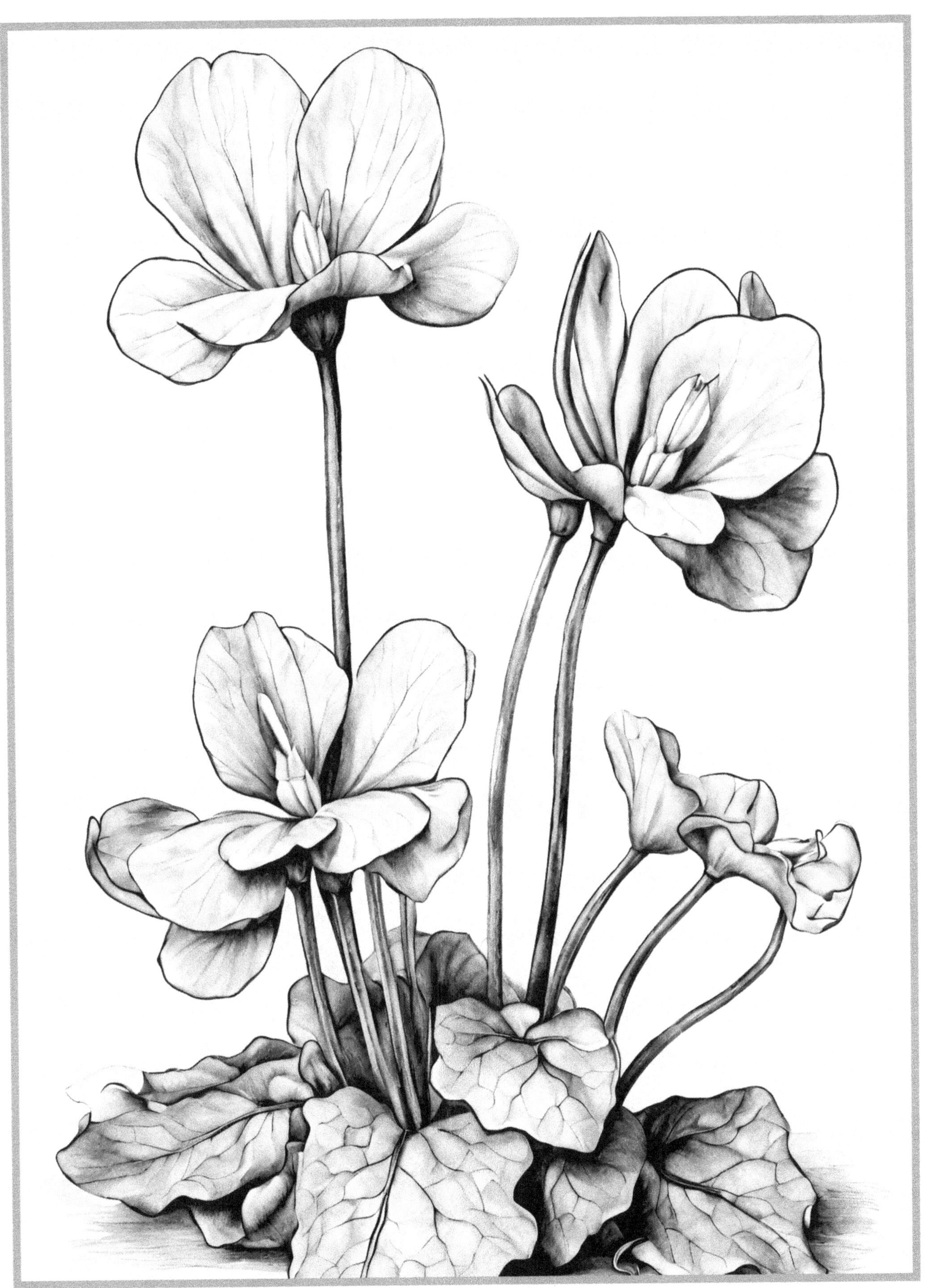

Ciclamino

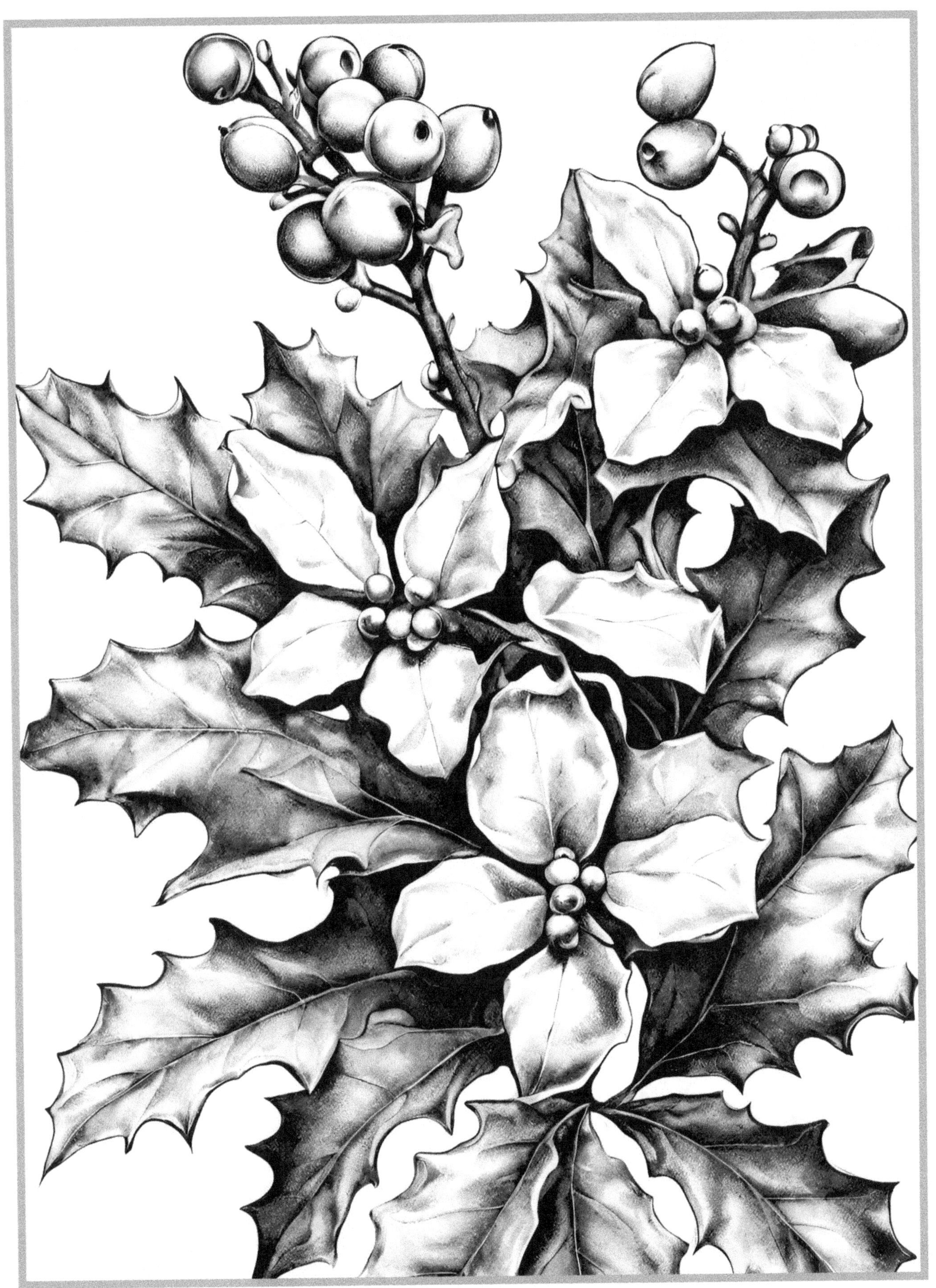

Agrifoglio

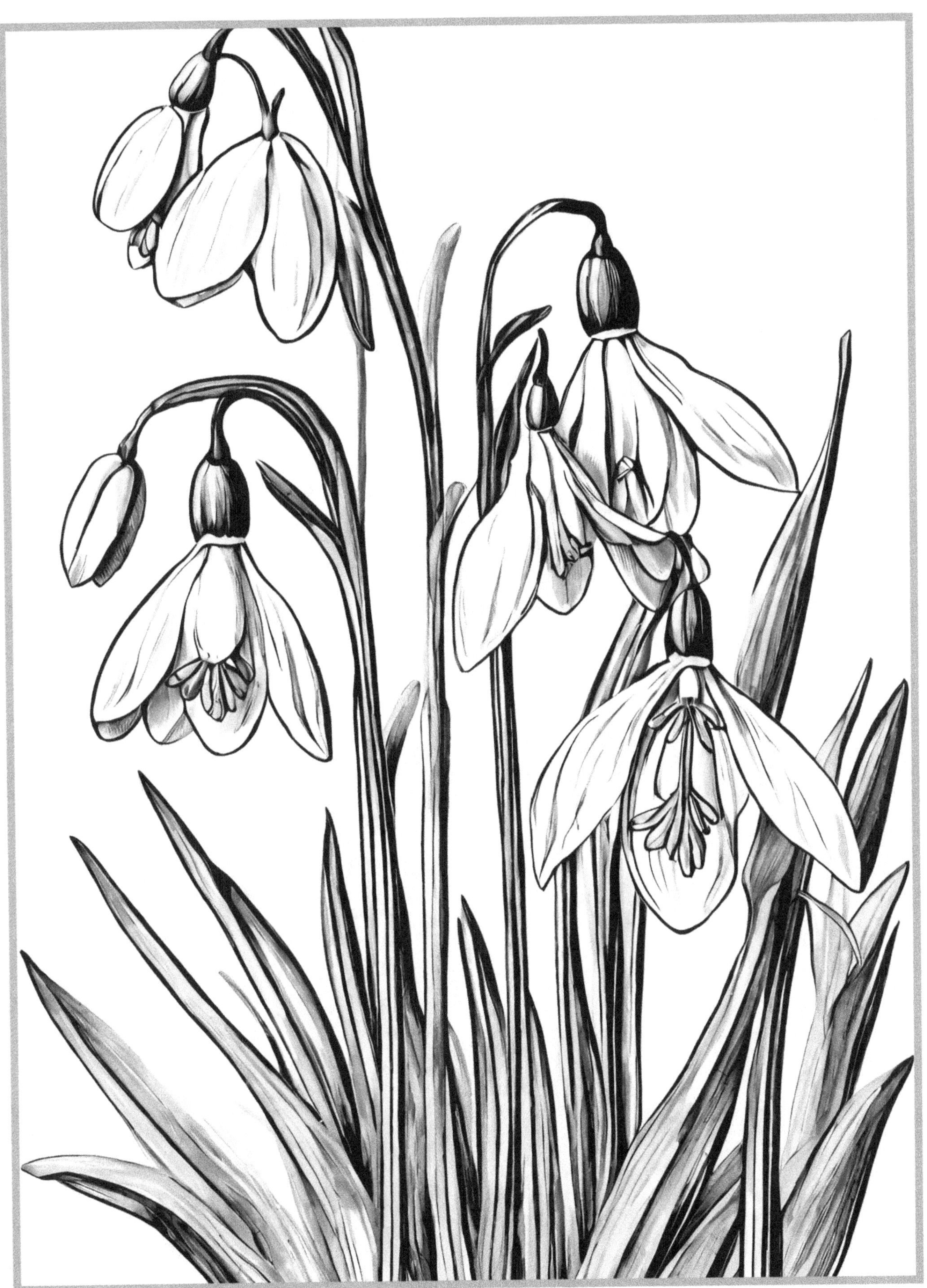

Bucaneve

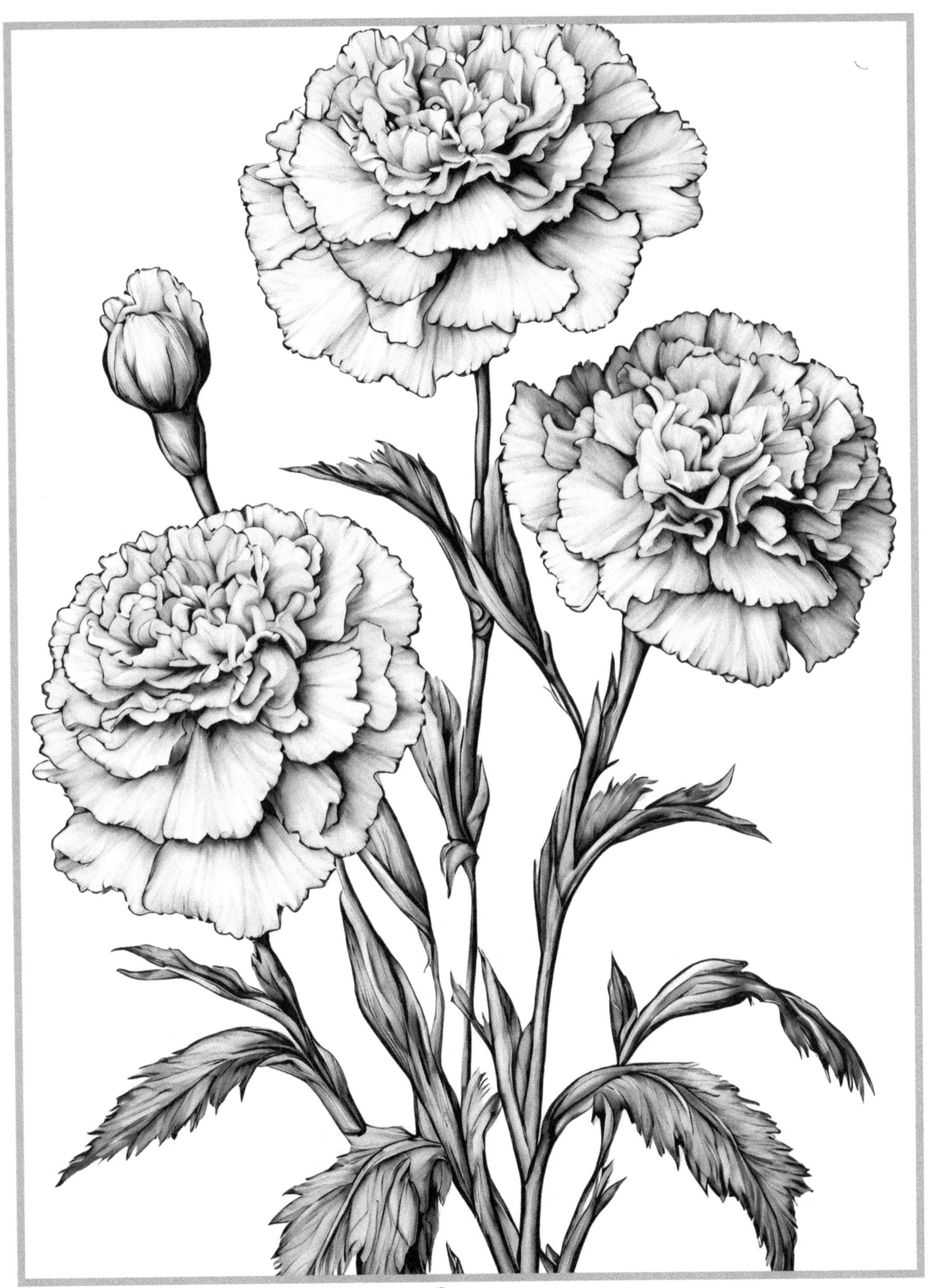

Garofano

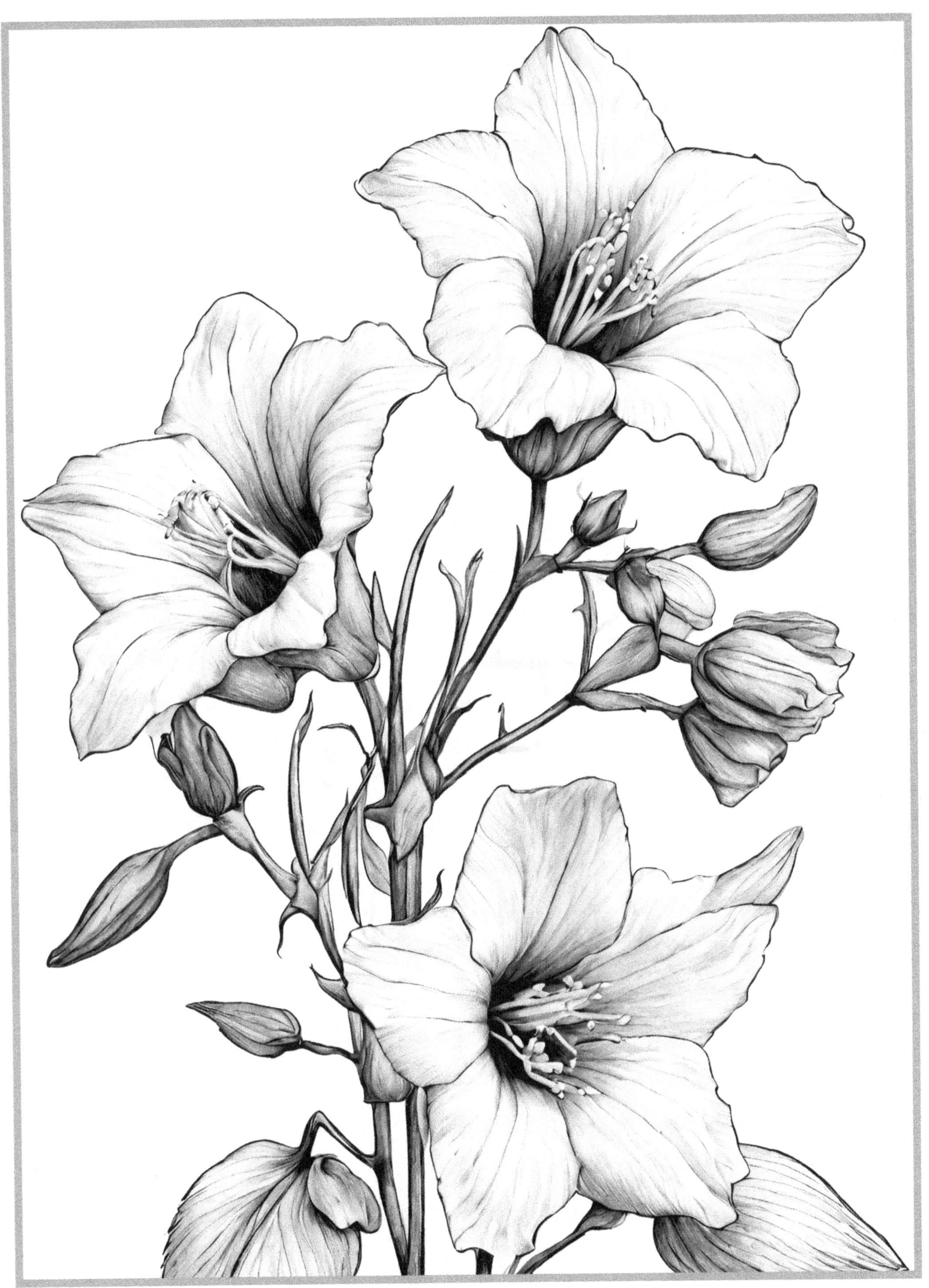

Campanula

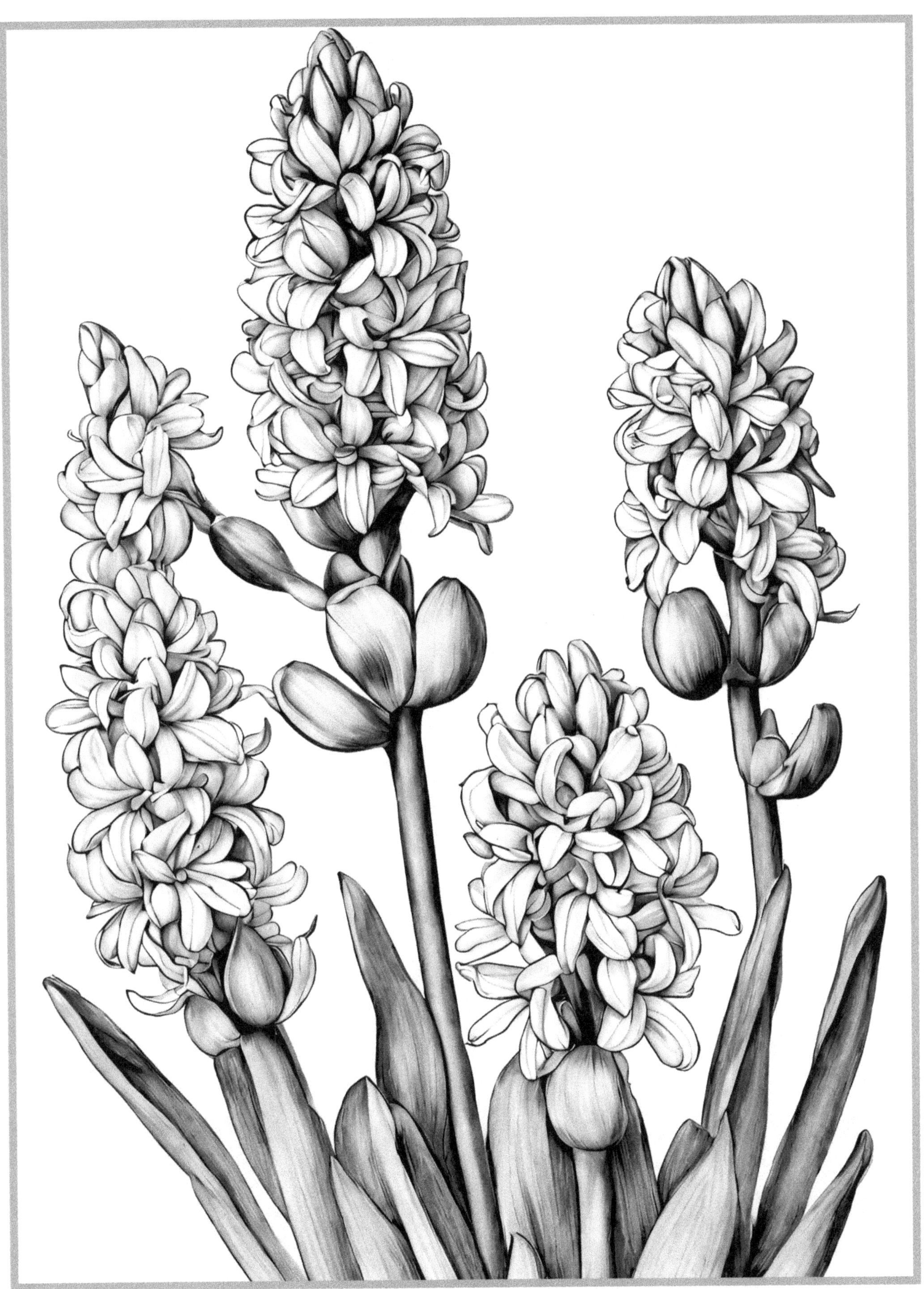

Giacinto

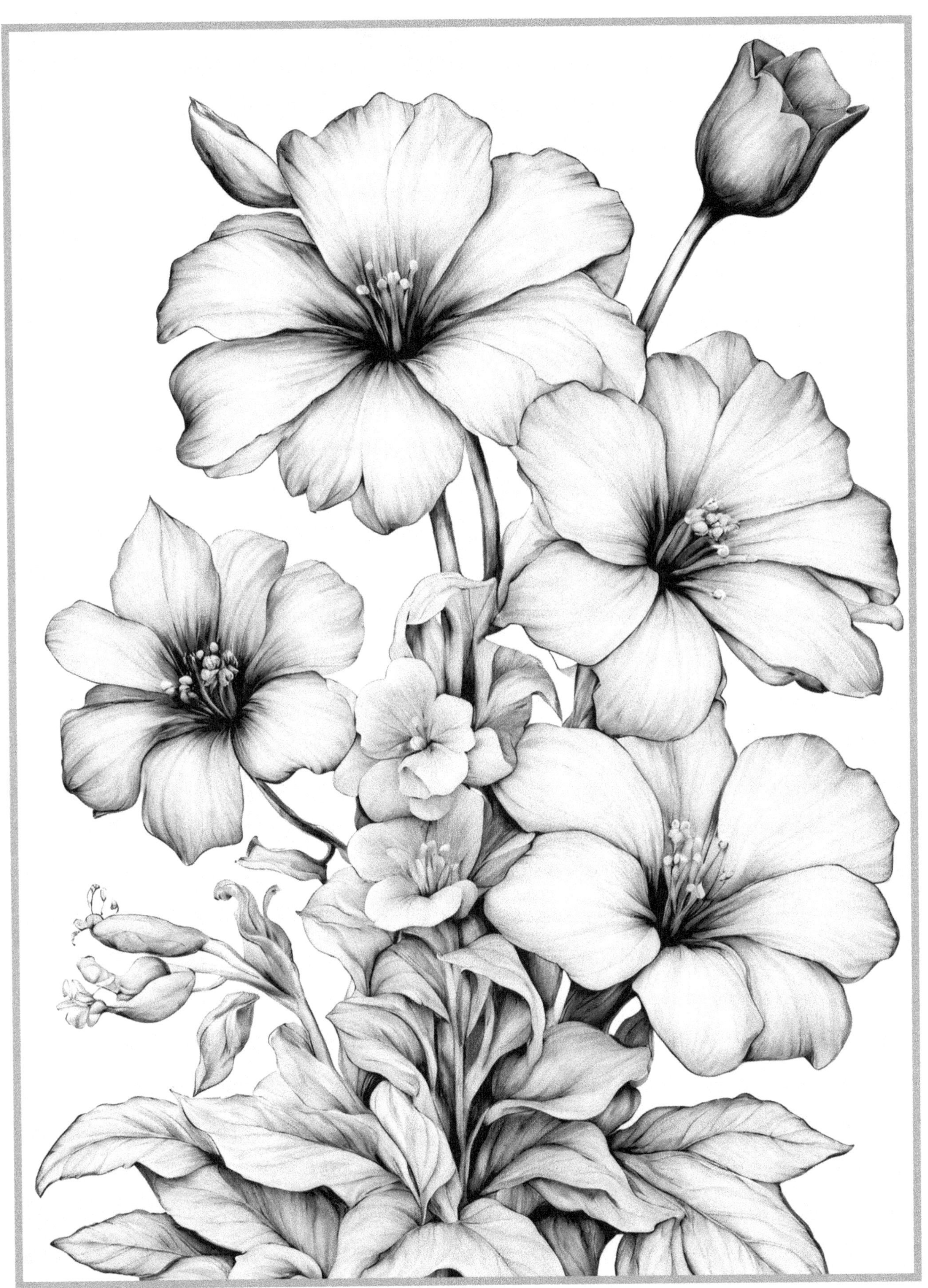

Calicanto

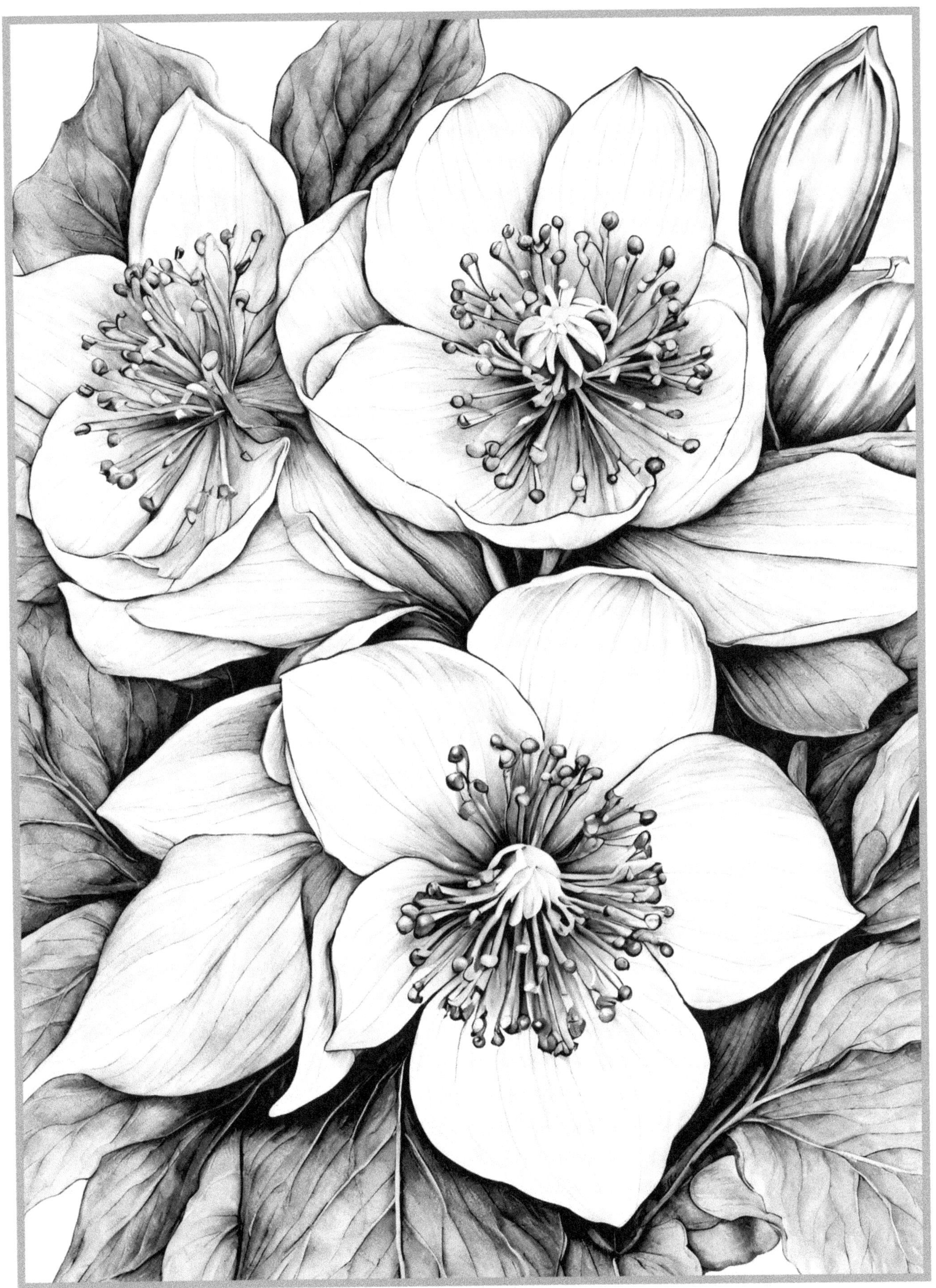

Elleboro

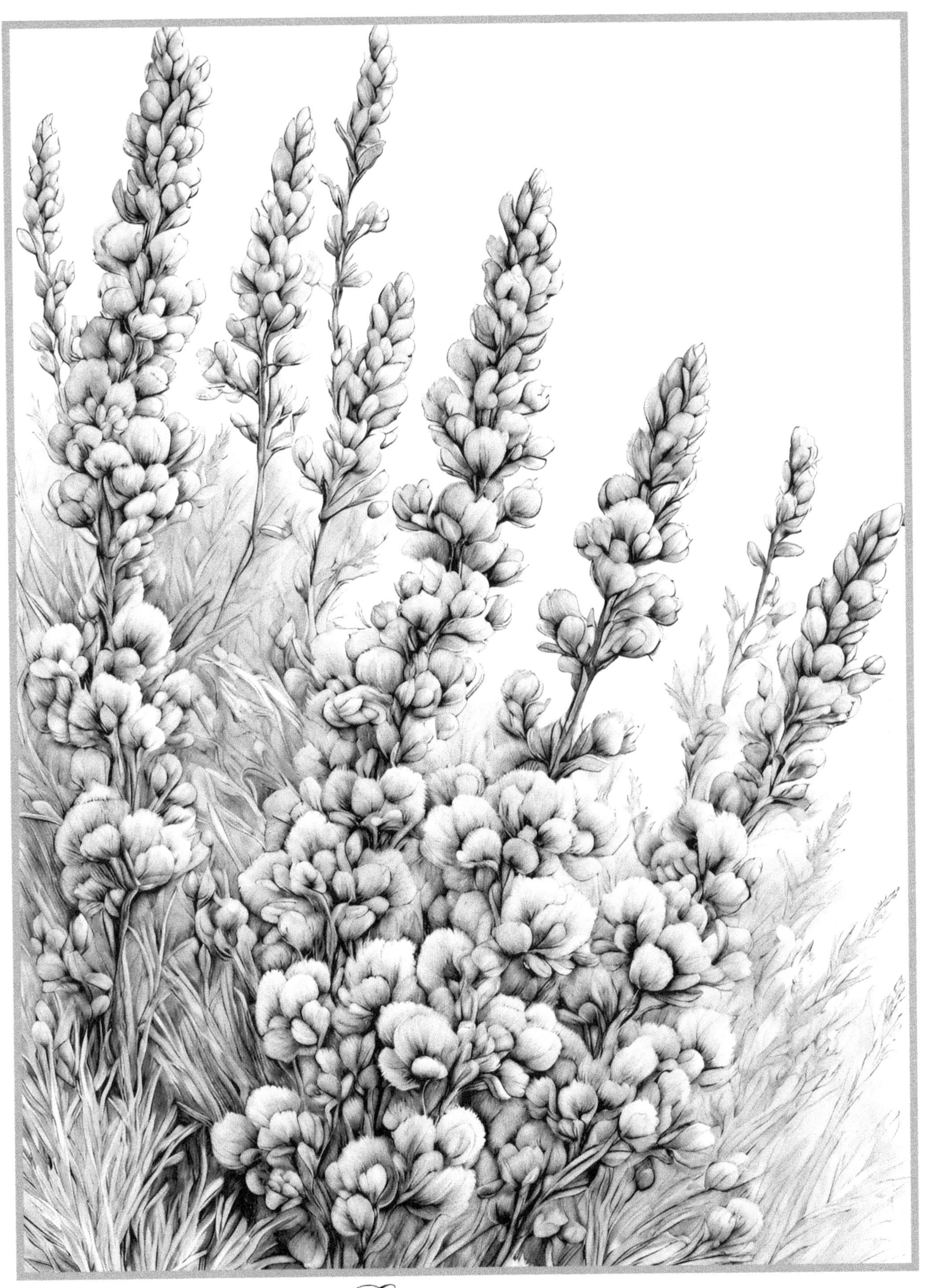

Erica invernale

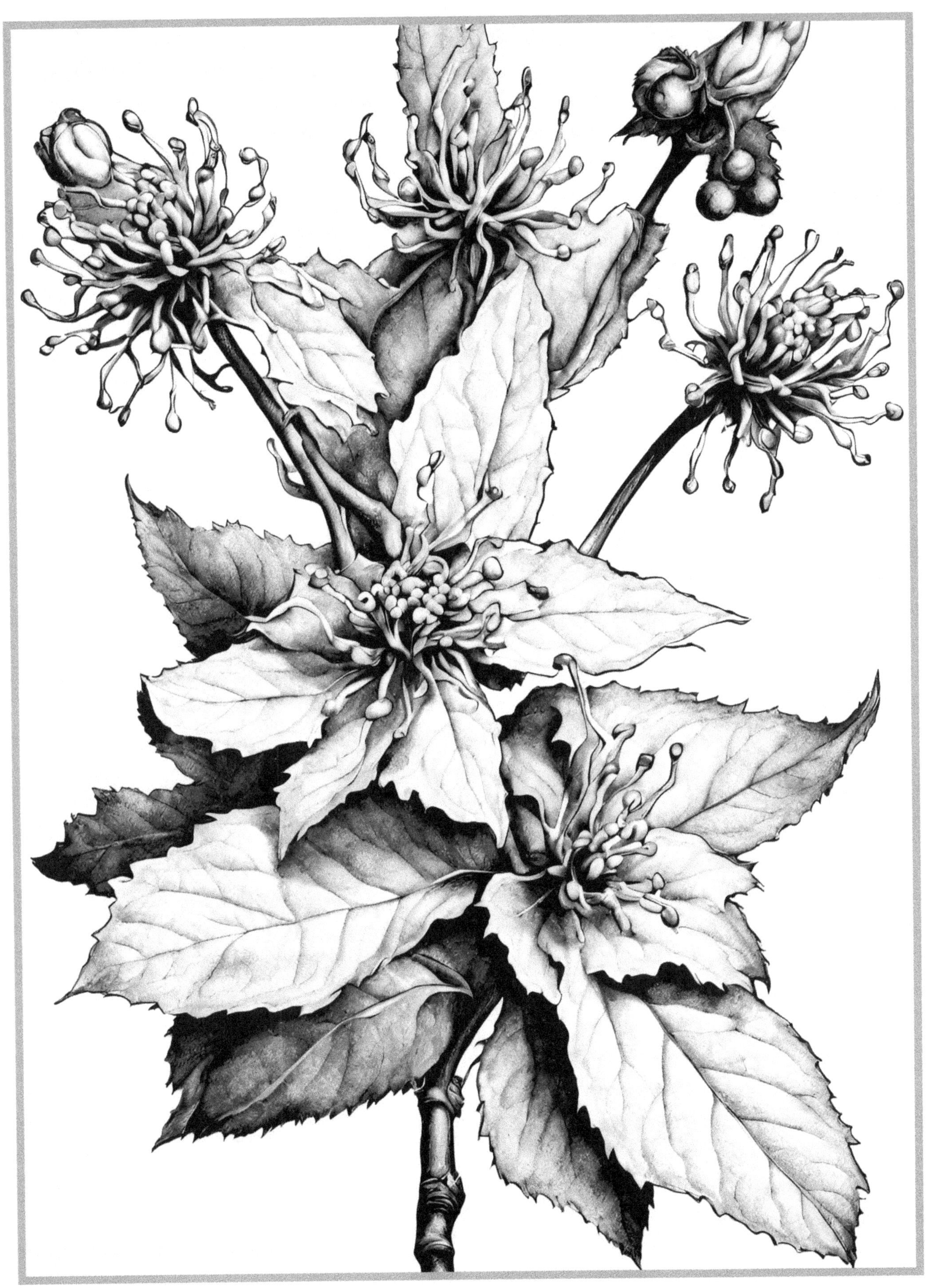

Amamelide

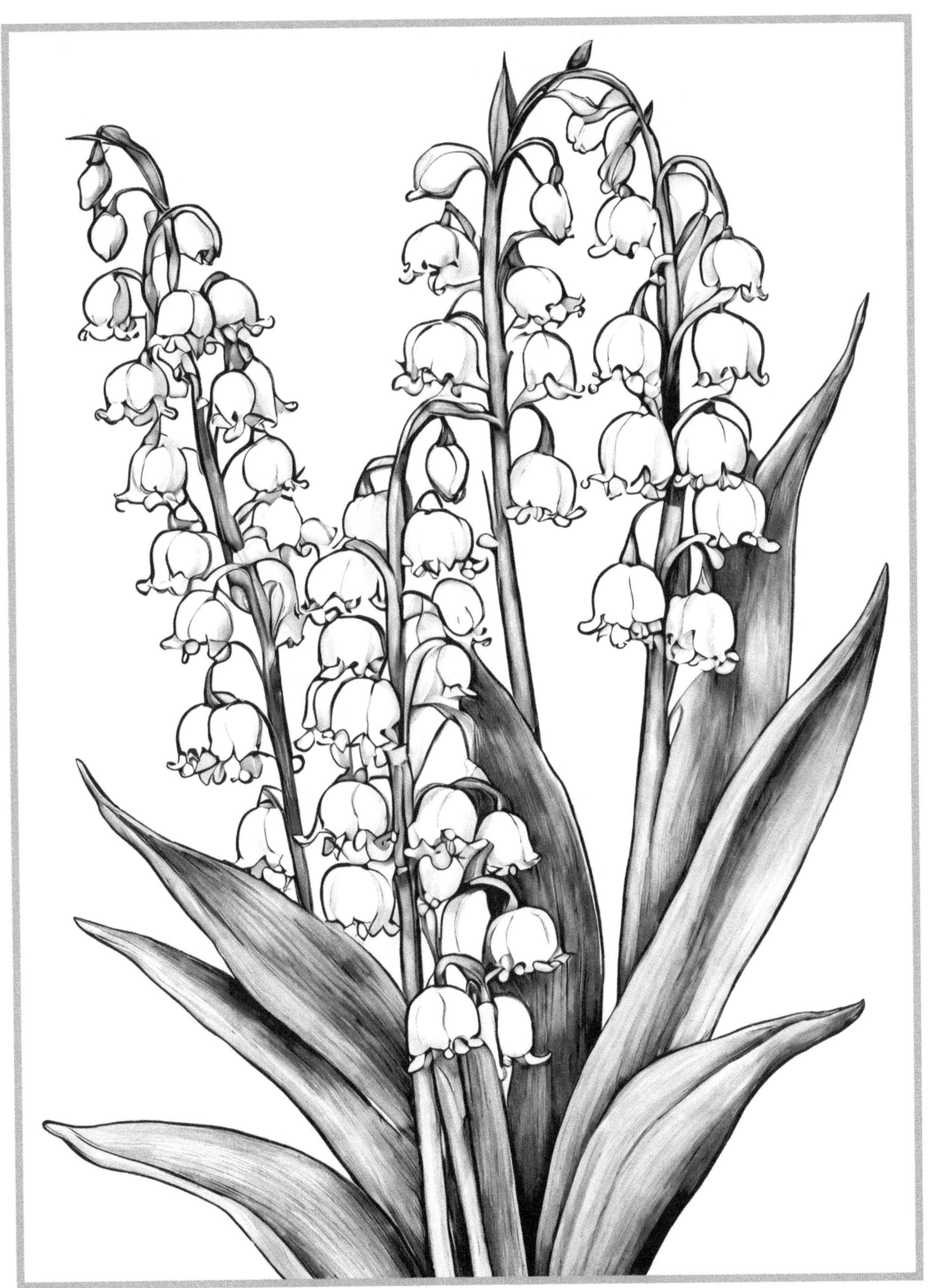

Mughetto

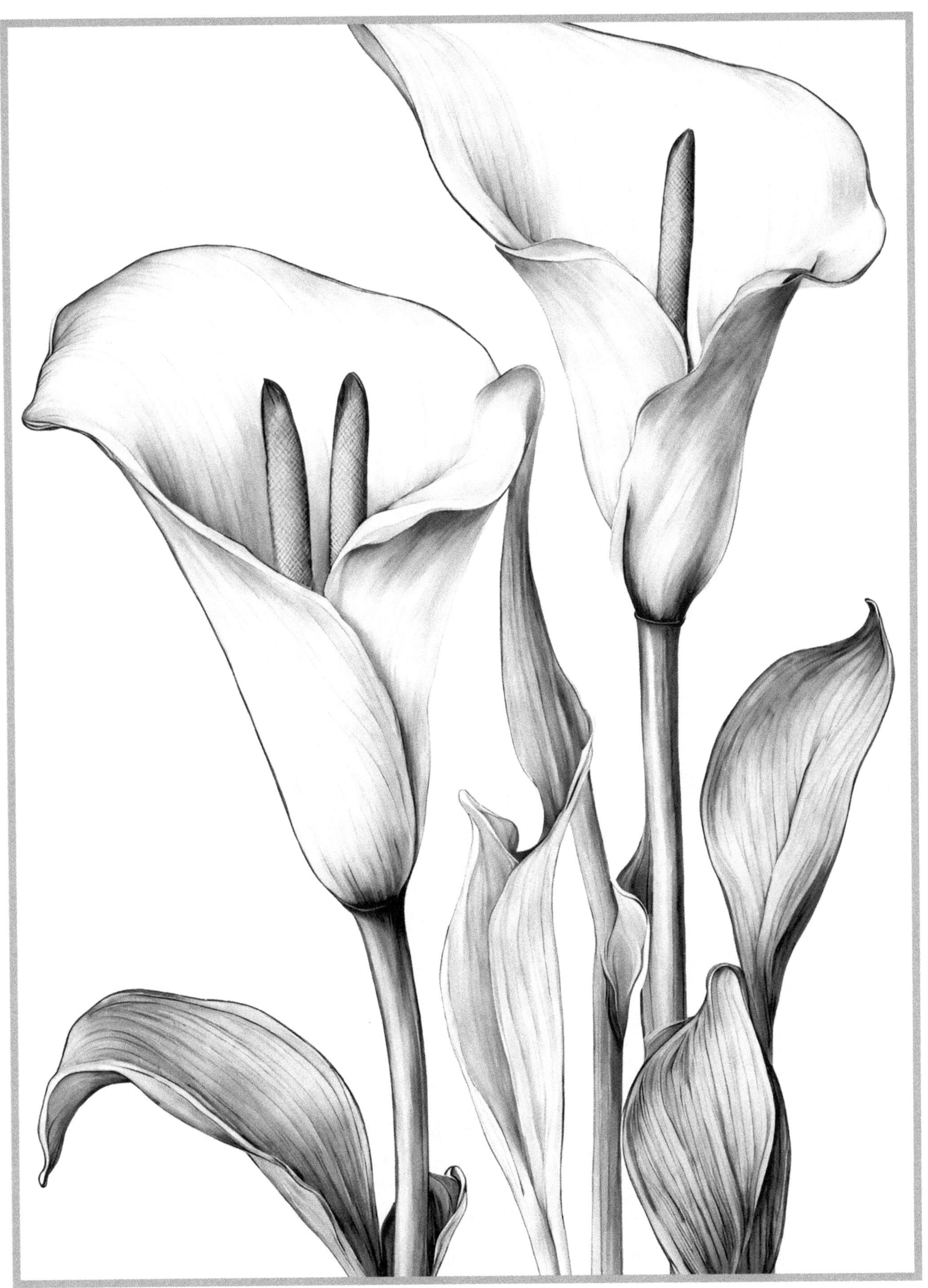

Calla

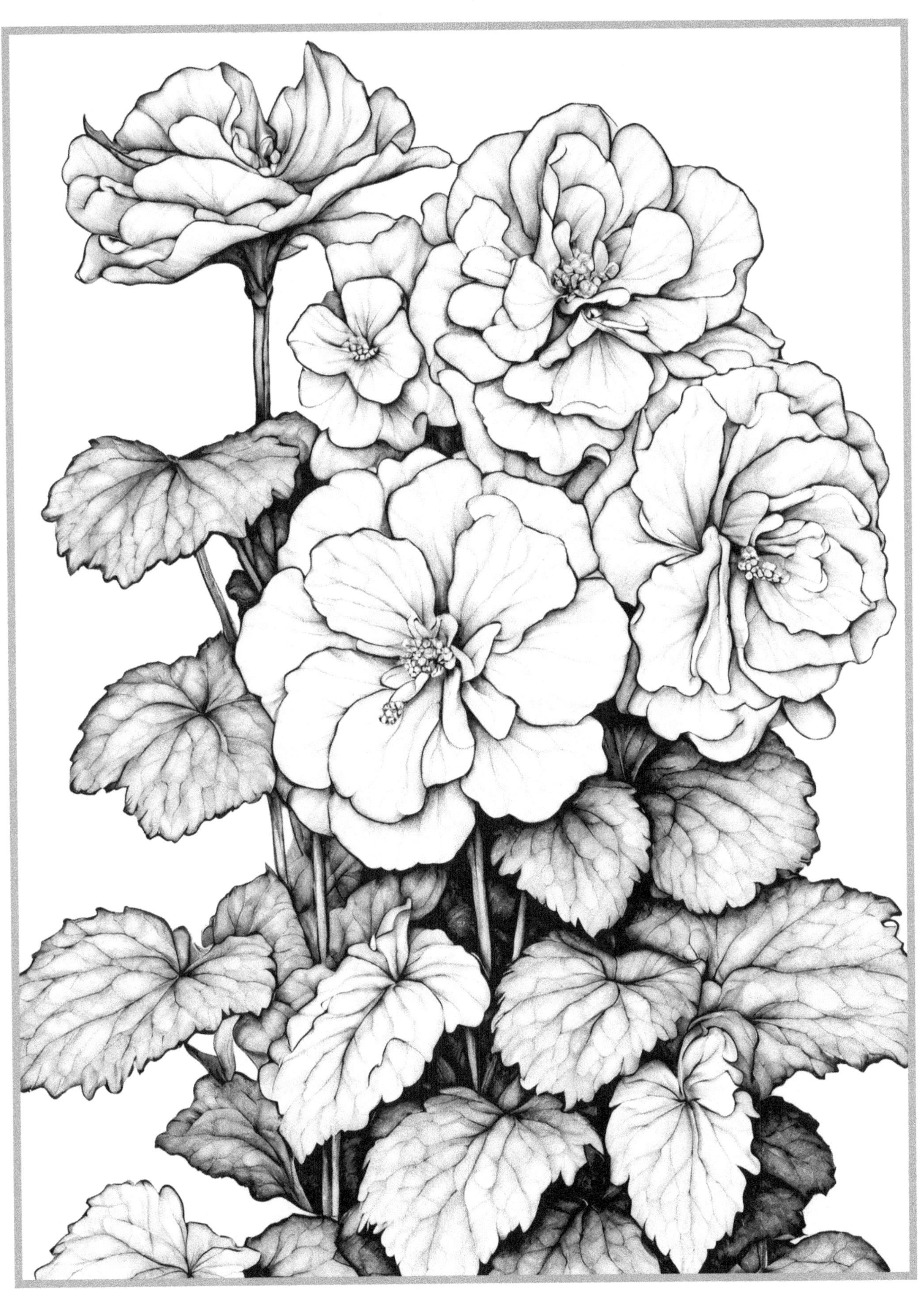

Begonia